W. Megre

ANASTASIA

Verlag Wega
1999

DANK

Der Übersetzerin Elena Judina für ihre große Aufgabe, dieses Buch erstmals vom Russischen ins Deutsche zu übertragen. Maria Schmitz und Christl Giessen haben Korrektur gelesen. Der Umschlag ist von Olga Zeiger. Der Text ist von Helmut Bayerle und Vladimir Jan am Computer bearbeitet.
Besonderen Dank gilt dem Verein „Blume der Welt", der mitbeteiligt war, dieses Buch ins Leben zu rufen. Möge es dem Leser mehr als Worte sein.

© 1997 Autor Wladimir Megre
© 1999 Verlag Wega e.K. Frankeneck
Alle Rechte vorbehalten
Titelbild: Olga Zeiger
Übersetzung von W. Megre: Elena Judina
Druck und Bindung: Sankt-Petersburg
ISBN 3-9806724-0-9

INHALT

VORWORT 4
DIE KLINGENDE ZEDER 5
BEGEGNUNG 24
EIN TIER ODER EIN MENSCH? 30
WER SIND SIE? 34
SCHLAFZIMMER IM WALD 38
ANASTASIAS MORGEN 39
ANASTASIAS STRAHL 43
KONZERT IN DER TAIGA 51
WER ZÜNDET EINEN NEUEN STERN AN? 59
KLEINGÄRTNER, MIT DENEN SIE SYMPATHISIERT 75
DER HEILENDE SAMEN 79
WEN STECHEN DIE BIENEN? 83
SEI GEGRÜSST, MORGEN! 85
ABENDPROZEDUREN 87
DER SCHLAF UNTER SEINEM STERN 90
HELFER UND ERZIEHER DES KINDES 92
WALDGYMNASIUM 98
AUFMERKSAMKEIT DEN MENSCHEN GEGENÜBER 101
DER FLIEGENDE TELLER? KEIN WUNDER. 107
DAS GEHIRN IST EIN SUPERCOMPUTER 114
„IN IHM WAR DAS LEBEN, UND DAS LEBEN WAR DAS LICHT DER MENSCHEN" 124
MAN MUSS DIE WELTAUFFASSUNG ÄNDERN 128
TODSÜNDE 131
EIN AUGENBLICK IM PARADIES 136
WER WIRD DEN SOHN ERZIEHEN? 141
NACH EINER WEILE 146
EIN SELTSAMES MÄDCHEN 148
KÄFERCHEN 157
TRÄUME SIND DAS ENTWERFEN DER ZUKUNFT 160
DIE ZEIT DER DUNKLEN KRÄFTE ÜBERSPRINGEND ... 174
STARKE MENSCHEN 186
WER BIST DU, ANASTASIA? 198

VORWORT

Liebe Leserin und Leser,
diesem Buch wurde ungewöhnlich große Popularität vorausgesagt, und zwar von der Frau, um die sich darin handelt. Das Schicksal dieser Frau ist eines der erstaunlichsten und geheimnisvollsten Phänomene des 20. Jahrhunderts. In den Jahren seit der ersten Auflage nimmt das Interesse für Anastasia immer mehr zu, und jetzt nicht nur in Rußland.

Das Buch übt einen wachsenden Einfluß auf die Menschen aus, und dies ist auch von Anastasia vorausgesagt worden. In Rußland entstanden und entstehen weiter zahlreiche Klubs und Vereine, die nach ihr benannt sind. Dadurch bemühen sich die Menschen alles, was die Bücher enthalten, zu verwirklichen und durch Liebe sich selbst und die Erde zu vervollkommnen.

Nun ein paar Worte über den Autor: Ein talentierter Geschäftsmann und absolut profaner Schriftsteller, geriet dieser Mensch in den Mittelpunkt merkwürdiger Ereignisse. War er bereit dazu? Ja und nein, denn die Vorgänge von so einem großen Ausmaß werden von den providentiellen Kräften im voraus vorbereitet, bevor sie zur Realität auf der Erde werden.

Sein Leben bis zur Begegnung mit Anastasia unterscheidet sich kaum von dem Leben durchschnittlicher Menschen, für die die alltäglichen Gegebenheiten viel wichtiger sind als die Fragen nach dem geistigen Dasein und dem Lebenssinn. Dann beginnt sich das Vorausgesagte zu erfüllen. Vladimirs Leben ändert sich gründlich, er schreibt Bücher. Und ein Wunder geschieht. Ein Geschäftsmann wird zu einem Schriftsteller, ein Atheist zu einem Hellseher. Seine Seele wächst ungewöhnlich rasch. Es ist schwer sich vorzustellen, welche Höhen sie noch besteigen wird. Deshalb warten wir mit großer Ungeduld auf weitere Bücher des Autors, in denen die Erzählung vom ungewöhnlichen Leben Anastasias fortgesetzt wird.

A.Sojnikow

Die Klingende Zeder

Im Frühjahr 1994 habe ich drei Schiffe gemietet und eine viermonatige Geschäftsfahrt auf dem sibirischen Fluß Ob von Nowosibirsk bis Salechard und zurück gemacht. Das Ziel dieser Schiffsreise war die Herstellung wirtschaftlicher Beziehungen mit Regionen des Hohen Nordens.

Die Fahrt verlief unter dem Namen „Kaufmännischer Karawan". Das größte Schiff mit Passagieren hieß „Patris Lumumba" (merkwürdigerweise tragen Schiffe der westsibirischen Reederei meistens die Namen „Maria Uljanowa", „Patris Lumumba", „Michail Kalinin", als gäbe es sonst keine historischen Persönlichkeiten in Westsibirien). An Bord des Schiffes befanden sich unser Stab, eine Ausstellung sibirischer Unternehmen und ein Laden.

Die Schiffe sollten einen Weg von 3.500 Kilometer nordwärts zurücklegen und sowohl große Orte wie Tomsk, Nishnewartowsk, Surgut, Hanty-Mansijsk als auch ganz kleine Orte besuchen, in die Frachtgüter nur zu einem bestimmten Zeitraum angeliefert werden können.

Am Tage, wenn die Schiffe an Orten lagen, verkauften wir Waren und führten Verhandlungen zur Herstellung ständiger Geschäftsbeziehungen. Man fuhr in der Regel nachts. Bei ungünstigen Wetterverhältnissen legten die Schiffe an kleinen Orten an, und wir veranstalteten Kulturabende für einheimische Jugendliche. Dort

finden solche Veranstaltungen kaum statt, denn die Klubgebäude und Kulturhäuser sind jetzt verfallen.

Manchmal fand sich auf unserem Weg innerhalb von 24 Stunden kein einziger Ort, man sah nur die Taiga und den Fluß, eine einzige viele Kilometer lange Verkehrsstraße. Damals habe ich noch nicht geahnt, daß irgendwo hier eines Tages eine Begegnung stattfindet, die mein Leben völlig verändern wird.

Eines Tages ließ ich unser Stabsschiff bei einem kleinen Dorf anlegen, das nur ein paar Häuser zählte und zig Kilometer von anderen Orten entfernt lag. Ich plante einen Aufenthalt von drei Stunden, damit sich die Seeleute zu Lande erholen, die Einheimischen bei uns Industriewaren und Lebensmittel kaufen und wir bei ihnen Wildfrüchte und Fisch billig erwerben konnten. Während des Aufenthaltes wandten sich zwei einheimische Alte mit einer merkwürdigen Bitte an mich. Dabei schwieg der Ältere, nur der Jüngere sprach. Er wollte mich überreden, daß ich ihnen 50 Leute zur Verfügung stelle (die Besatzung zählte nur 65 Mann), damit sie 25 Kilometer von der Anlegestelle in die Taiga mitgehen und eine Klingende Zeder fällen (genau so äußerte er sich). Der Baum, dessen Höhe vierzig Meter war, sollte auch zersägt werden, damit man ihn zum Schiff bringen könnte. Wir sollten alle Holzteile mitnehmen und zu Hause diese in kleinere Holzstücke zersägen. Jeder sollte sich ein Stück nehmen, und die übrigen Stücke sollten unter unseren Angehörigen, Freunden und anderen Leuten verteilt werden, kurz unter allen, die den Wunsch äußern, dieses Geschenk zu bekommen. Die Zeder besitze besondere Eigenschaften, sagte der Alte. Ein Zedernstück sei an einem Schnürchen auf der Brust zu tragen. Anzulegen sei es, indem man barfüßig auf dem Gras steht und es mit der linken Hand an die nackte Brust drückt. Nach einer Weile spüre man eine angenehme, von der Zeder stammende Wärme und dann ein leichtes Zittern im Körper. Ab und zu, wenn man Lust dazu hat, sei die Seite des Holzstückchens, die den Körper nicht berührt, mit den Fingerspitzen zu schleifen, während es von der anderen Seite mit den Daumen gehalten wird. Schon nach drei Monaten fühle sich der Mensch besser und werde von vielen Krankheiten geheilt werden.

„Auch von Aids? " - fragte ich, nachdem ich ihnen mitgeteilt hatte, was ich von dieser Krankheit aus Presseberichten wußte. Der Alte antwortete: „Sicher, von allen Krankheiten!"

Das sei allerdings nicht alles. Die Haupteigenschaft des Zedernstückchens bestehe darin, daß sein Besitzer herzlicher, erfolgreicher und begabter werde.

Von der Heilkraft der Zeder wußte ich schon etwas, aber daß sie auch die Gefühle und Fähigkeiten beeinflußt, hielt ich damals für unglaubwürdig. Ich erklärte den Alten, daß unsere Frauen Schmucksachen aus Gold und Silber tragen um Männern zu gefallen. „Weil sie keine Ahnung haben, daß Gold nichts im Vergleich zu einem Stück Zeder ist" - folgte die Antwort. Angesichts ihres Alters wollte ich mit den Alten nicht streiten und sagte: „Mag sein ... wenn ein großer Meister für Schnitzerei daraus etwas ungewöhnlich

Schönes macht." Aber darauf sagte er: „Gewiß kann man schnitzen, aber am besten schleift man es selbst mit eigenen Fingern, wenn es einem danach verlangt, dann wird es schön aussehen". Dabei knöpfte der jüngere Alte seine schäbige Jacke und sein Hemd auf, und ich sah auf seiner Brust ein rundes oder ovales Holzstück. Die Farben - violett, karmesinrot, rötlich - bildeten ein kompliziertes Muster mit Holzadern, die wie winzige Bäche wirkten. Ich bin kein Kunstkenner, nur als Laie besuchte ich viele Gemäldegalerien. Doch das Ding auf der Brust des Alten beeindruckte und bewegte mich viel stärker, als ein Besuch in der Tretjakow - Galerie. Ich fragte:

- Wie lange haben Sie denn Ihr Zedernstück geschliffen?
- Dreiundneunzig Jahre, - antwortete der Alte.
- Und wie alt sind Sie?
- Einhundertneunzehn Jahre.

Damals glaubte ich es nicht, denn er sah wie ein Siebzigjähriger aus. Ohne meine Bedenken zu ahnen oder zu beachten, begann der Alte mich etwas aufgeregt davon zu überzeugen, daß es auch bei anderen schon nach drei Jahren ebenso schön sein wird, und mit der Zeit immer schöner würde, besonders bei Frauen. Vom Körper jedes Besitzers werde ein Wohlgeruch ausgehen, nicht zu vergleichen mit einem normalen Menschen. Von den Alten ging in der Tat ein wohlriechender Duft aus, obwohl mein Riechen wie bei allen Rauchenden recht beeinträchtigt ist. Während er sprach, fielen mir auch einige Redewendungen, Gedanken und Schlußfolgerungen auf, die für die Einwohner der entfernten Orte des Nordens nicht üblich waren. An einige erinnere ich mich noch heute, auch an die Intonationen. So sprach der Alte:

- Gott hat die Zeder als einen Speicher der kosmischen Energie geschaffen.

- Von einem Menschen, der Liebe empfindet, geht eine Strahlung aus. In Bruchteilen einer Sekunde, reflektiert von oben liegenden Planeten, erreicht sie wieder die Erde und nährt alles Lebende.

- Die Sonne ist ein Planet, der nur einen Teil des Spektrums dieser Strahlung reflektiert.

- In den Kosmos steigt vom Menschen nur lichte Strahlung, und aus dem Kosmos gelangt auf die Erde nur wohltuende Strahlung.

- Vom Menschen im Zustand des Zorns stammt eine dunkle Strahlung die nicht hinaufsteigt, sondern in das Innere der Erde gelangt. Davon reflektiert, erscheint sie wieder an der Oberfläche als Vulkanausbrüche, Erdbeben und Kriege.

- Die stärkste Wirkung der reflektierten dunklen Strahlung unmittelbar auf den Menschen besteht darin, daß seine bösen Gefühle verstärkt werden.

- Die Zeder lebt fünfhundertfünfzig Jahre. Mit Millionen ihrer Nadeln empfängt sie und speichert Tag und Nacht lichte Energie, ihr ganzes Spektrum. Alle Körper, die sich über die Zeder während ihres Lebens bewegen, reflektieren diese Energie.

- Selbst ein winziges Zedernstück enthält mehr Energie als alle von Menschen gebauten Energie-

anlagen auf der Erde insgesamt.

Die Zeder nimmt durch den Kosmos die vom Menschen stammende Energie auf, bewahrt sie auf und gibt ab, wenn es daran im Kosmos und folglich in Menschen, in allen Lebewesen und Pflanzen mangelt.

- Es finden sich selten Zedern, die Energie nur speichern und die gespeicherte Energie nicht abgeben. Nach fünfhundert Jahren ihres Lebens beginnen sie zu klingen. So teilen sie mit, indem sie dieses Zeichen geben, daß die Menschen ihre gespeicherte Energie nehmen und auf der Erde benutzen können. So eine Zeder klingt drei Jahre lang, wenn sie nicht von einem Menschen berührt wird. Nach drei Jahren, da sie nicht imstande ist, die gespeicherte Energie durch den Kosmos abzugeben, kann sie diese auch nicht mehr unmittelbar dem Menschen abgeben. Da beginnt die Zeder diese Energie in sich zu verbrennen. Ein qualvolles Sterben durch Selbstverbrennen dauert siebenundzwanzig Jahre.

- Vor kurzem haben wir so eine Zeder gefunden und festgestellt, daß sie schon seit zwei Jahren klingt. Also, es bleibt nur noch ein Jahr. Sie soll gefällt und ihr Holz unter Menschen verteilt werden.

Der Alte sprach lange, seine Stimme klang bald ruhig und sicher, bald sehr aufgeregt. Wenn er sich aufregte, begannen seine Finger sich sehr schnell zu bewegen, so als spielte er ein Instrument, um sein Zedernstück zu schleifen.

Draußen war es kalt, es zog stark vom Fluß, doch seine abgetragene Jacke und das Hemd blieben aufgeknöpft.

Von Bord kam zu uns eine Mitarbeiterin unserer Firma, sie hieß Lidija, und sagte, alle seien an Bord, das Schiff sei seeklar und man warte nur auf mich. Ich verabschiedete mich von den Alten und bestieg das Schiff. Ich konnte die Bitte der Alten nicht erfüllen aus zwei Gründen: der verzögerte Aufenthalt hätte große Verluste verursacht, außerdem hielt ich damals alles was sie erzählten für übertriebenen Aberglauben und örtliche Sagen.

Am nächsten Tag, während einer Kurzversammlung sah ich, daß Lidija mit den Fingern an einem Zedernstück auf der Brust zupfte. Später erzählte sie mir, daß nachdem ich das Schiff bestiegen hatte, sie noch einige Zeit am dem Ufer blieb und beobachtete, wie der Alte, der mit mir gesprochen hatte, ganz verstört bald mir nachschaute, bald seinen älteren Gefährten ansah und immer wieder in Aufregung sprach:

„Wieso? Ich kann gar nicht ihre Sprache reden. Ich konnte ihn nicht überzeugen. Ich konnte es nicht. Ich habe es nicht geschafft."

Der Ältere sagte zu ihm: „Ja, du hast ihn nicht überzeugen können. Er hat nichts eingesehen".

„Ich war schon dabei, das Schiff zu besteigen", - setzte Lidija fort, - „da holte mich der Alte, mit dem du gesprochen hast, plötzlich ein, nahm mich an der Hand und führte mich zurück ans Ufer, und während ich auf dem Gras stand, holte er ein Schnürchen mit einem Zedernstück aus der Tasche, hängte es mir um den Hals, legte meine Hand auf das Holzstück und drückte es an meine Brust. Ein Zittern durchzuckte mich. Als ich ging, wiederholte der Alte hinter meinem Rücken noch lange immer dasselbe:

„Glückliche Reise! Seien Sie gesund! Kommen Sie im nächsten Jahr wieder! Alles Gute! Wir werden auf Sie warten. Glückliche Reise!" Als das Schiff sich vom Ufer trennte, winkte der Alte zuerst und dann sank er plötzlich ins Gras. Er saß im Gras, und seine Schultern zuckten heftig. Der Ältere beugte sich über ihn und streichelte tröstend seinen Kopf.

***

Nach Nowosibirsk zurückgekehrt, spürte ich plötzlich heftige Schmerzen. Die Diagnose lautete: Zwölffingerdarmgeschwür und Osteochondrose im Brustbereich der Wirbelsäule. In der Ruhe des Krankenhauses war ich völlig von Alltagssorgen isoliert. Das Einbettzimmer, sogenanntes Luxuszimmer, ermöglichte mir die Ergebnisse der viermonatigen Geschäftsreise ohne Eile zu analysieren und einen Business-Plan der nächsten Reise durchzudenken. Doch in meinen Gedanken ging alles was damit zusammenhing, gleichsam in den Hintergrund, und in den Vordergrund traten immer wieder die Alten und ihre Geschichte von der Zeder. Auf meine Bitte wurden mir verschiedene Bücher über Zedern gebracht. Ich las, verglich das Gelesene, wunderte mich immer mehr und war schon bereit, den Alten zu glauben. Etwas Wahres war ja in ihren Worten, mag sein, es stimmte alles, was sie erzählt haben. In Büchern über Volksmedizin wird viel über Heileigenschaften der Zeder berichtet. Alle Zedernteile, von den Nadeln bis zur Rinde, besitzen hoch wirksame Heileigenschaften. Das Zedernholz sieht sehr schön aus und wird deshalb von Meistern für die Schnitzerei benutzt, daraus werden Möbel und Schalldeckel für Musikinstrumente hergestellt. Die Zedernnadeln besitzen hocheffektive Phytonzid-eigenschaften, die ermöglichen, die Luft zu desinfizieren. Das Zedernholz hat einen besonderen, sehr angenehmen Balsamduft. Ein Stück Zeder im Haus dient als gutes Mittel gegen Motten.

In der populär-wissenschaftlichen Literatur wird auch darauf hingewiesen, daß die Qualität der Zeder in Nordgebieten viel höher als in Südgebieten ist.

Noch im Jahre 1792 schrieb der Gelehrte P.S. Pallas, daß die Zedernnüsse zur Potenz beitragen und Jugend bewahren sowie die Widerstandsfähigkeit des Organismus gegen verschiedene Erkrankungen bedeutend verstärken.

In der Geschichte gibt es eine Reihe von Phänomenen, die mit der Zeder zusammenhängen.

Eines davon ist Grigorij Rasputin.

Fast ein Analphabet, ein einfacher Bauer aus einem entfernten sibirischen Dorf in einem Gebiet, wo die Zedern wachsen, kam Grigorij Rasputin 1907 nach Moskau. Im Alter von 50 Jahren beeindruckte er alle durch seine prophetische Gabe, wurde bald zum engen Freund der Zarenfamilie und schlief mit vielen vor-

nehmen Damen. Die Teilnehmer an seiner Ermordung waren dadurch erschüttert, daß er, ganz mit Kugeln durchlöchert, noch lange am Leben blieb. Es liegt wohl daran, daß er unter Zedern aufgewachsen ist und sich von Zedernnüssen ernährt hat.

Journalisten der damaligen Zeit beschreiben seine ungewöhnliche Leistungsfähigkeit folgenderweise: „Im Alter von 50 Jahren konnte er seine Orgie zu Mittag beginnen und bis 4 Uhr nachts zechen; gleich nach unzüchtigen Zechgelagen kam er zum Morgengottesdienst in die Kirche, betete und blieb so auf den Beinen bis 8 Uhr morgens, dann zu Hause, nachdem er Tee nach Herzenslust getrunken hatte, empfing er, als ob nichts geschehen wäre, Besucher bis 14 Uhr, dann wählte er sich ein paar Damen und ging mit ihnen ins Dampfbad. Danach fuhr man in ein Restaurant außerhalb der Stadt und alles wiederholte sich wie vorher - ein normaler Mensch könnte diesen Tagesablauf nicht aushalten".

Der mehrmalige Olympiasieger und Weltmeister im Ringen Alexander Karelin, bisher von niemand besiegt, stammt auch aus Sibirien, aus einem Gebiet, wo Zedern wachsen. Der Ringer ißt regelmäßig Zedernnüsse. Ist das etwa ein Zufall?

Ich führe nur Tatsachen an, die in der populär-wissenschaftlichen Literatur enthalten sind oder von Augenzeugen bestätigt werden können. So eine Augenzeugin ist Lidija, die von dem Alten ein Holzstück der Klingenden Zeder geschenkt bekommen hat. Sie ist 36 Jahre alt, verheiratet und hat zwei Kinder. Die Mitarbeiter, die mit ihr oft zu tun haben bemerkten, daß sie sich sehr verändert hat. Sie wurde freundlicher und lacht gern. Der Mann von Lidija, den ich persönlich kenne, erzählt, daß er sich jetzt mit seiner Frau sehr gut verträgt, seine Frau sei irgendwie jünger geworden und er möge und achte sie mehr, vielleicht liebe er sie wieder.

Doch alle zahlreichen Tatsachen und Beweise verblassen vor dem wesentlichsten Beweis, den jeder persönlich kennenlernen kann und der auch alle meine Zweifel verschwinden läßt: das ist die Bibel. Im Alten Testament, im dritten Buch Moses (Leviten 14, 4) lehrt Gott, wie man Menschen heilen kann, indem man mit Zedernholz ihre Wohnungen reinigt.

Während ich die aus verschiedenen Quellen gewonnenen Tatsachen verglich, entstand ein so überwältigendes Bild, daß alle Weltwunder, die wir kennen, blaß wirkten. Die großen Geheimnisse, die die menschlichen Geister faszinieren, schienen mir jetzt unbedeutend im Vergleich zum Geheimnis der Klingen-den Zeder zu sein.

Nun zweifelte ich nicht mehr daran, daß es sie gibt. Die populär-wissenschaftlichen Bücher und die alten vedischen Schriften ließen meine letzten Zweifel verschwinden.

Zweiundvierzig Mal wird die Zeder in der Bibel erwähnt. Moses, der der Menschheit die Gesetzestafeln gewährte, muß mehr davon gewußt haben, als im Alten Testament geschrieben steht.

Wir halten es für eine gewöhnliche Sache, daß es in

der Natur Pflanzen gibt, die menschliche Erkrankungen heilen können. Die Heileigenschaften der Zeder werden in der populär-wissenschaftlichen Literatur sowie in soliden Forschungen, so zum Beispiel vom Gelehrten Pallas, bestätigt. Das stimmt völlig mit dem Alten Testament überein.

Und nun Achtung!

Das Alte Testament erwähnt in seinen Hinweisen auf die Zeder keine anderen Bäume mehr. Bedeutet es, daß die Zeder das wirksamste der Naturheilmittel ist? Eine Art Heilkomplex?

Es gibt weitere Beweise. Höchst rätselhaft ist folgendes Sujet aus dem Alten Testament:

Der Zar Salomo ließ einen Tempel aus Zedernholz bauen. Um eine Lieferung von Zedernholz aus dem Libanon zu bekommen, schenkte er dem Zaren Hebron zwanzig Städte seines Reiches. Unglaublich! Zwanzig Städte für Baumaterial! Allerdings wurde ihm dafür noch eine Leistung erwiesen. Auf seine Bitte wurden ihm Leute zur Verfügung gestellt, die Bäume fällen konnten.

Was für Leute? Welche Kenntnisse besaßen sie?

Vom Hörensagen weiß ich, daß es noch zur Zeit in entfernten Orten Sibiriens Leute gibt, die Bäume für Baumaterial zu wählen verstehen. Vor 2000 Jahren können alle davon verstanden haben. Diesmal waren wohl irgendwelche besondere Kenntnisse erforderlich. Der Tempel wurde gebaut. Darin begann der Gottesdienst, doch ...

„...die Priester konnten nicht den Gottesdienst halten, wegen einer Wolke".

Was für eine Wolke? Wie kam sie in den Tempel? Was stellte sie dar? Eine Energie? Einen Geist? Was für ein Phänomen war es? Hatte es mit der Zeder zu tun?

Die Alten sprachen von der Zeder als von einem Energiespeicher.

Um welche Energie handelt es sich hier? Welche Zeder ist wirkungsvoller, aus Libanon oder aus Sibirien? Der Gelehrte Pallas behauptete, daß die Heileigenschaften der Zeder desto mehr zur Geltung kommen, je näher sie zur Waldtundra wachsen. Danach ist die sibirische Zeder wirkungsvoller. In der Bibel heißt es: „... urteilt nach den Früchten". Also, wieder ein Punkt zugunsten der sibirischen Zeder!

Wie kam es, daß keiner das bemerkt hat? Das Alte Testament, die Wissenschaftler des vorigen Jahrhunderts und die gegenwärtigen Wissenschaftler sind sich ja einig in der Einschätzung der Zeder.

Auch Elena Roerich schreibt in ihrem Buch „Die lebendige Ethik": „In den Einweihungsriten der Zaren vom alten Chorasan wurde eine Schale mit Zedernharz benutzt. Die Druiden nannten die Schale mit Zederharz Lebensschale. Erst später, als man das Geistesbewußtsein eingebüßt hatte, wurde das Harz durch Blut ersetzt. Das Feuer von Zoroaster stammte auch von der Harzverbrennung in der Schale".

Sind irgendwelche Kenntnisse unserer Vorfahren von der Zeder und ihren Eigenschaften und Bestimmung heutzutage erhalten geblieben? Oder gar keine?

Was wissen davon die Alten?

Plötzlich fiel mir eine Situation aus meiner Vergangenheit ein, so daß mir ein Schauer über den Rücken lief. Damals hatte ich ihr keine Bedeutung beigemessen, aber jetzt ...

Eines Tages, am Anfang der Perestrojka, wurde ich als Präsident des Verbandes der sibirischen Unternehmer von jemand aus dem Nowosibirsker Exekutivkomitee (damals gab es noch Exekutivs-und Gebietskomitees der Partei) angerufen und zu einem Treffen mit einem großen ausländischen Businessmann eingeladen. Er hatte einen Empfehlungsbrief unserer damaligen Regierung. Dem Treffen wohnten einige Unternehmer und Parteifunktionäre bei.

Der westliche Geschäftsmann wirkte schon äußerlich als Mensch mit großem Durchsetzungsvermögen, der alle Kniffe kennt. Er hatte orientalisches Äußeres, trug einen Turban auf dem Kopf und kostbare Ringe an den Fingern.

Wie gewöhnlich wurde von Möglichkeiten der Zusammenarbeit in vielen Bereichen gesprochen. Unter anderem sagte er: „Wir könnten Zedernnüsse bei euch kaufen". Dabei bemerkte ich irgendwelche Spannung in seiner Haltung, seine scharfen Augen wurden unruhig, er sah von einem zum anderen in Erwartung einer Reaktion der anwesenden Unternehmer. Ich sehe diese Szene noch heute vor meinem inneren Auge, denn schon damals hatte ich mich darüber sehr gewundert und gedacht: warum hat er sich so aufgeregt?

Nach dem Treffen kam seine Dolmetscherin zu mir.

Sie war aus Moskau. Sie sprach mit mir in seinem Namen.

Der Geschäftsmann hatte ein diskretes Angebot an mich. Wenn ich Lieferungen von Zedernnüssen, unbedingt von frischen Früchten, organisierte, würde ich außer der vereinbarten Zahlung noch eine bedeutende persönliche Provision bekommen.

Wir sollten in die Türkei liefern. Dort wurde ein Öl produziert. Ich versprach darüber nachzudenken.

Inzwischen wollte ich herausfinden, was für ein Öl dort produziert wurde. Ich erfuhr folgendes:

An der Londoner Börse, die eine maßgebende Rolle bei der Weltpreisbildung spielt, kostet ein Kilo Öl aus Zedernnüssen bis 500 Dollar. Uns wurde angeboten, Zedernnüsse zum Preis von zwei bis drei Dollar für ein Kilogramm zu liefern.

Ich habe einen Unternehmer in Warschau angerufen, damit er die Möglichkeit prüft, direkte Kontakte mit Verbrauchern dieses Produkts herzustellen sowie das Gewinnungsverfahren von Öl herauszufinden.

Nach einem Monat kam die Antwort: keine direkte Verbindung, es gelang auch nicht, das Verfahren zu bekommen. Überhaupt sei es ein Bereich, an dem gewisse Kräfte des Westens interessiert sind. Also, das beste wäre, das aufzugeben und zu vergessen.

Da wandte ich mich an meinen guten Bekannten K. Rakunow, einen Wissenschaftler des Instituts für Verbraucherkooperation. Er war bereit, mir zu helfen.

Ich kaufte Zedernnüsse und finanzierte die Forschungsarbeit. Im Laboratorium dieses Institutes wur-

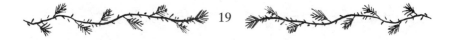

de 100 kg Zedernnußöl gewonnen. Ich bezahlte auch einige Menschen, die für mich folgende Informationen in Archivdokumenten gefunden haben:

Vor der Revolution und einige Zeit nach der Revolution gab es in Sibirien eine Organisation, die den Namen „Der sibirische Kooperator" trug. Die Mitglieder dieser Organisation verkauften Öl, darunter auch Öl aus Zedernnüssen. Sie hatten ihre Vertretungen in Charbin, London und New-York und viel Geld aus westlichen Banken. Nach der Revolution löste sich die Organisation auf, und viele Mitglieder emigrierten.

Das Mitglied der sowjetischen Regierung Krasin traf sich mit dem Chef dieser Organisation im Ausland und schlug ihm vor, nach Rußland zurückzukehren. Doch der Chef des „Sibirischen Kooperators" erwiderte, er könnte Rußland mehr behilflich sein, wenn er im Ausland bleibt.

In Archivmaterialien wurde auch mitgeteilt, daß das Zedernöl mit speziellen Holzpressen in vielen Dörfern in der sibirischen Taiga gewonnen wurde. Seine Qualität war von der Zeit der Ernte und der Verarbeitung der Nüsse abhängig. Es konnten aber keine Angaben über diese Zeit gefunden werden, weder im Archiv, noch im Institut. Das Verfahren ist verloren. Die Heilkraft von Zedernöl ist außerordentlich. Ist das Herstellungsverfahren von Öl vielleicht jemandem im Westen bekannt, dem es ein Emigrant mitgeteilt hat? Wie läßt sich erklären, daß die Zedern mit wirksamster Heilkraft in Sibirien wachsen und die Ölproduktion sich in der Türkei befindet? Die Zeder wächst ja in der

Türkei überhaupt nicht.

Welche gewisse Kräfte im Westen meinte der Unternehmer aus Warschau? Warum soll diese Frage verschwiegen sein? Pumpen etwa diese Kräfte das Produkt ungewöhnlicher Heilkraft aus der sibirischen Taiga Rußlands aus? Warum kaufen wir ausländische Arzneien für Millionen oder Milliarden Dollar und fressen sie wie Irrsinnige, während wir solche Reichtümer wie Zedern mit effektivsten Heileigenschaften besitzen, die sich in Jahrhunderten und Jahrtausenden bewährt haben? Warum verschwinden Kenntnisse, die unsere Vorfahren noch vor kurzem, noch in unserem Jahrhundert besaßen? Abgesehen von der Bibel, die die Situation vor 2000 Jahren beschreibt.

Welche unbekannten Kräfte bemühen sich Kenntnisse unserer Vorfahren in unserem Gedächtnis zu löschen? Dazu mit begleitenden Worten: „Misch dich nicht ein. Das geht dich nichts an". Ja, man bemüht sich darum und mit Erfolg. Bei diesen Gedanken wurde ich ganz wütend und beschloß nicht aufzugeben. Es findet sich sowieso noch etwas, dachte ich.

Ich hatte die Absicht, eine erneute Geschäftsreise nur mit dem Stabschiff „Patris Lumumba" auf dem Ob-Fluß nordwärts zu machen. Ich nahm viele Waren mit. Der Kinosaal war als Verkaufsraum eingerichtet. Ich mußte neue Leute einstellen. Ich wollte keine Mitarbeiter meiner Firma beschäftigen, denn unsere Finanzsituation verschlechterte sich ohnehin jedesmal, wenn ich weg war. Zwei Wochen nach unserer Abfahrt aus Nowosibirsk berichtete mir mein Sicherheitsdienst, daß auf dem Schiff Gespräche von der Klingenden Zeder belauscht worden waren. An Bord, so war die Meinung, gäbe es verdächtige Personen. Ich ließ einzelne Mitglieder der Besatzung in mein Arbeitszimmer kommen und sprach mit jedem von der bevorstehenden Wanderung in die Taiga. Manche waren bereit, auch unentgeltlich mitzukommen. Andere forderten hohe Beträge für die Teilnahme an dieser Aktion, weil dies bei der Einstellung nicht vereinbart worden war. Sie hätten mit dem Aufenthalt auf dem komfortablen Schiff gerechnet und hätten keine Ahnung davon, daß sie noch 25 Kilometer in die Taiga ziehen und eine Last auf dem Rücken mitschleppen müssen. Zu dieser Zeit waren meine Mittel knapp. Ich hatte keine Absicht, Zedernholz zu verkaufen. Es sollte verschenkt werden, so sagten die Alten. Außerdem war das Rezept der Ölgewinnung für mich wesentlicher als die Zeder selbst. Überhaupt war ich gespannt, beliebige Informationen darüber zu erhalten.

Nach und nach kam ich mit Hilfe meines Sicherheitsdienstes zu dem Schluß, daß ich beschattet werde, besonders, wenn ich von Bord ging. Es war mir aber nicht klar, was damit bezweckt wurde. Wer stand dahinter? Ich dachte lange darüber nach und beschloß, alle an der Nase herumzuführen.

ANASTASIA

Begegnung

Ohne meine Absichten erklärt zu haben, befahl ich nicht weit von dem Ort anzulegen, wo im vorigen Jahr meine Begegnung mit den Alten stattgefunden hatte. Dann fuhr ich allein mit einem kleinen Kutter zum Dorf. Das Schiff sollte seine vorgesehene Route fortsetzen.

Ich hoffte mit Hilfe der Einwohner die Alten zu finden, mir selbst die Klingende Zeder anzusehen und zu besprechen, wie sie zum Schiff gebracht werden kann. Ich band den Kutter an einen Stein und wollte schon zum nächsten Haus gehen, da sah ich eine Frau auf einem Hügel stehen und ging zu ihr. Die Frau trug eine schäbige Wattejacke, einen langen Rock und Gummistiefel, wie sie viele Leute in entfernten Orten des Nordens im Herbst und Winter tragen. Ihr Kopftuch war so gebunden, daß es ihre Stirn und den Hals bedeckte. Es fiel mir schwer, ihr Alter zu schätzen. Ich begrüßte sie und erzählte von den Alten, die mir voriges Mal begegnet waren.

- Mit dir, Wladimir, haben mein Großvater und mein Urgroßvater gesprochen, - sagte die Frau.

Ich war erstaunt. Sie hatte eine junge Stimme, eine deutliche Sprechweise, sagte „du" zu mir und nannte sofort meinen Namen. Ich erinnerte mich an die Namen der Alten nicht, ich wußte nicht mehr, ob wir uns überhaupt vorgestellt hatten. „Bestimmt haben wir uns kennengelernt. Sie kennt doch meinen Namen", dachte ich und beschloß sie auch zu duzen.

- Wie heißt du?
- Anastasia, - antwortete die Frau und reichte mir ihre Hand mit der Handfläche nach unten, gleichsam zum Küssen.

Diese Geste einer Bauersfrau in einer Wattejacke und Gummistiefeln, die am öden Ufer stand und eine Weltdame spielte, war lächerlich. Ich drückte ihre Hand, küssen wollte ich natürlich nicht. Anastasia lächelte verlegen und schlug mir vor in die Taiga mitzukommen, wo ihre Familie lebte.

- Wir müssen aber 25 Kilometer gehen. Bist du einverstanden?
- Recht weit. Kannst du mir aber die Klingende Zeder zeigen?
- Sicher.
- Weißt du alles von ihr? Kannst du es mir erzählen?
- Was ich weiß, erzähle ich dir.
- Dann komme ich mit.

Unterwegs erzählte mir Anastasia, daß ihre Familie im Zedernwald lebt, viele Generationen ihrer Vorfahren haben hier Jahrtausende gelebt. Man habe selten direkte Kontakte zu zivilisierten Menschen. Diese Kontakte finden nicht in ihrem Wohnort statt, sondern in Siedlungen, die sie als Jäger oder Bauern verkleidet ab und zu besuchen. Anastasia war in zwei Städten: Tomsk und Moskau. Aber nur einen Tag. Ohne Übernachtung. Sie wollte sich überzeugen, daß ihre Vorstellungen von der Lebensweise in der Stadt richtig sind.

Sie hatte Beeren und trockene Pilze verkauft, um

Geld für Kleidung und eine Fahrkarte zu bekommen. Eine Bauersfrau hatte ihr ihren Paß geborgt.

Anastasia billigt die Idee des Großvaters und des Urgroßvaters, Zedernholz zu verteilen, nicht. Denn sie meint, daß Zedernstücke nicht nur gute, sondern auch böse Menschen bekommen können, und am ehesten wird der größte Teil von schlechten Menschen ergriffen, und das verursacht mehr Schaden als Nutzen. Man muß guten Menschen helfen, die die anderen zum Licht führen und nicht in die Sackgasse treiben. Wenn allen geholfen wird, bleibt das Mißverhältnis des Guten und Bösen dasselbe oder verschlechtert sich noch mehr. So war ihre Meinung.

Nach dem Treffen mit den Alten las ich viele populär-wissenschaftliche Bücher sowie historische und wissenschaftliche Abhandlungen, in denen es sich um besondere Heileigenschaften der Zeder handelte. Jetzt bemühte ich mich, Anastasias Erzählung über die Lebensweise der Menschen im Zedernwaldgebiet zu analysieren und einen Zusammenhang mit dem, was ich schon wußte, zu finden.

Ich verglich sie mit der Familie Lykows, die auch in der sibirischen Taiga seit vielen Jahren lebt und die dank Veröffentlichungen von W. Peskow bekannt wurde. Zu diesem Thema wurde auch viel in der Zeitung „Komsomolwahrheit" geschrieben. Ich stellte mir die Lykows als Menschen vor, die sich in der Natur auskennen, aber sonst völlig unwissend und ungebildet sind sowie kein Verständnis für die Gegenwart und das zivilisierte Leben haben. Anastasia dagegen schien nicht nur von unserem Leben, sondern auch von anderen Dingen, die über meinen Verstand gingen, sehr gut Bescheid zu wissen. Sie kannte das städtische Leben gut und äußerte ausführlich ihre Meinung darüber.

Wir hatten etwa fünf Kilometer durch die Taiga zurückgelegt, als sie ihre Wattejacke und den Rock auszog, das Kopftuch abnahm, alle Sachen in einer Baumhöhle versteckte und nur in einem kurzen, leichten Kleid blieb. Ich war äußerst überrascht. Hätte ich an Wunder geglaubt, so hätte ich wohl das Geschehene für eine Verklärung halten müssen. Vor mir stand eine sehr junge Frau mit langen goldblonden Haaren, tadellos gebaut. Ihre Schönheit war einmalig. Ich konnte mir keine Preisträgerin der größten Schönheitswettbewerbe vorstellen, die weder eine optische Konkurrenz noch hinsichtlich ihres Intellekts mit ihr vergleichbar gewesen wäre. Beides an ihr beeindruckte und bezauberte mich.

„Du bist wohl müde, willst du ausruhen?"- fragte sie. Wir setzten uns ins Gras, und ich konnte jetzt ihr Gesicht aus der Nähe betrachten: keine Schminke, regelmäßige Züge, gepflegte Haut, keine Spur von den wetterrauhen Gesichtern sibirischer Bauersfrauen, große gütige graublaue Augen und lächelnde Lippen. Sie hatte nur ein leichtes, kurzes Kleid an, eine Art Nachhemd, doch ich hatte den Eindruck, daß es ihr nicht kalt war, obwohl die Temperatur nur 12-15 Grad Wärme betrug. Ich hatte Hunger und holte Brötchen und eine flache Kognakflasche aus der Tasche. Ich bot Anastasia Kognak an, aber sie lehnte ab. Solange ich

aß, lag sie im Gras, sich den kosenden Sonnenstrahlen überlassend. Ihre offenen Handflächen schimmerten in goldenem Licht. Sie war schön und halbnackt.

Ich sah sie an und dachte: „Wozu entblößen die Frauen aller Zeiten bald ihre Füße, bald Brüste oder beides gleichzeitig, indem sie Minikleider und Kleider mit tiefem Ausschnitt tragen? Wohl um die Umgebenden darauf aufmerksam zu machen: sieh mich an, wie ich nackt, verführerisch und zugänglich bin. Was bleibt denn dem Mann: dem Verlangen widerstehen und damit die Frau mit seiner Gleichgültigkeit beleidigen oder ihr den Hof machen und damit Gottes Gebot verletzen?"

Ich fragte sie, ob sie Angst hat, allein durch den Wald zu laufen.

- Ich brauche hier nichts zu fürchten, - antwortete Anastasia.

- Und wenn dich zwei, drei Männer, Geologen oder Jäger überfallen, wie würdest du dich verteidigen?

Statt mir eine Antwort zu geben, lächelte sie nur. Ich überlegte: wieso hat diese junge Schönheit, dazu noch sehr verführerisch, keine Angst vor niemand und vor nichts? Ich fühle mich noch heute peinlich berührt, wenn ich daran denke, was weiter geschah. Ich umarmte sie und zog sie zu mir. Sie leistete mir nur leichten Widerstand, obwohl ich spürte, daß sie ungewöhnlich stark ist. Doch aus diesem Versuch wurde nichts, denn in demselben Moment wurde ich ohnmächtig, das Letzte woran ich mich noch erinnere, waren ihre Worte: „Es geht so nicht. Beruhige dich."

und auch eine ungeheure Angst, die mich plötzlich erfaßte, eine Angst ohne Grund, wie es oft in der Kindheit passiert, wenn man allein zu Hause bleibt. Als ich erwachte, kniete sie neben mir. Ihre Hand lag auf meiner Brust. Mit der anderen winkte sie, als machte sie Zeichen zu jemandem in der Höhe und zu beiden Seiten. Dabei lächelte sie, doch ihr Lächeln galt nicht mir, sondern jemand, der uns unsichtbar umgab. Sie wollte zeigen, daß ihr nichts Böses passiert war. Anastasia sah in meine Augen.

- Beruhige dich. Alles ist vorbei.
- Was ist geschehen? - fragte ich.
- Die Harmonie hat negativ dagegen reagiert, wie du mich behandelt hast, negativ gegen dein Verlangen.
- Was hat das hier mit der Harmonie zu tun? Du hast dich selbst gewehrt.
- Ich habe auch negativ reagiert. Es war mir unangenehm.
- Es ist ja komisch. Negativ reagiert; unangenehm. Ihr Frauen macht immer alles, um jemand zu verführen. Ihr zeigt eure Beine und nackte Brust, ihr lauft auf hohen Absätzen, obwohl es sehr unbequem ist, ihr wiegt euch in den Hüften und verführt mit allen euren Reizen, und wenn jemand zugreift, dann folgt: „Ach, es geht so nicht, für wen halten Sie mich?" Wozu wiegt ihr euch in den Hüften? Heuchlerinnen! Wozu hast du dich ausgezogen? Es ist doch keine Hitze draußen. Dann hast du dich bequem hingelegt, rätselhaft geschwiegen und dazu noch so einladend gelächelt.

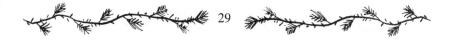

- Ich trage die Kleidung nicht gern und nur, wenn ich zu Menschen gehe, um wie sie auszusehen. Ich lag in der Sonne um auszuruhen und dich nicht beim Essen zu stören.

- Du wolltest mich nicht stören und hast doch gestört.

- Jede Frau wünscht, Männern zu gefallen, nur daß sie nicht nur auf ihre Beine oder ihre Brust aufmerksam werden. Man möchte nicht, daß jener Einzige, der in ihr etwas anderes, mehr bedeutendes schätzen kann, vorbeigeht.

- Aber hier ist keiner vorbeigegangen. Was kann mehr bedeutend sein, wenn man vor sich Beine sieht? Ihr Frauen habt keinen Sinn für Logik.

- Ja, leider stimmt es. Wladimir, vielleicht gehen wir los? Bist du mit dem Essen fertig? Hast du dich ausgeruht?

- Ich überlegte eine Weile, ob es sich lohnt, weiter mit einer solchen Philosophin zu gehen. Und dann sagte ich:

- Schon gut. Gehen wir!

Ein Tier oder ein Mensch?

Also gingen wir weiter dahin, wo Anastasia ihr Zuhause hatte. Ihre Kleidung und die Gummistiefel hatte sie in der Baumhöhle liegen lassen und trug nun

nur ein leichtes kurzes Kleidchen. Da sie mir helfen wollte, trug sie meine Tasche. Barfüßig, sehr leicht und elastisch, ging sie mir voran und schwenkte die Tasche, als wiege sie nichts.

Unterwegs sprachen wir über alle möglichen Themen. Die Unterhaltung mit ihr war sehr anregend für mich. Ab und zu drehte sie sich einige Male wie im Tanz, wendete sich zu mir und ging so ein paar Schritte rückwärts, hingerissen vom Gespräch, ohne auf den Weg aufzupassen. Ich wunderte mich: kein einziges Mal stolperte sie oder verletzte sich einen Fuß durch trokkene Zweige. Im Gehen berührte sie mit flüchtiger kosender Bewegung ein Blatt oder einen Zweig, bückte sich, pflückte einen Grashalm und aß ihn auf.

- Wie ein Tierchen, - dachte ich. Auch ich aß im Gehen Beeren, die sie fand und mir gab. Besonders kräftig wirkte ihr Körper nicht. Sie war mittelgroß, weder mager noch dick. Gut genährt, elastisch und wohlgebaut, eine sehr schöne Gestalt. Sie war aber meiner Meinung nach sehr stark. Auch ihr Reaktionsvermögen schien sehr gut zu sein.

Als ich einmal stolperte und fast stürzte, wandte sie sich blitzschnell zu mir um und stützte mich mit ihrer freien Hand. Ich fiel mit der Brust auf ihre Handfläche mit den aufgespreizten Fingern, so daß meine im Fallen ausgestreckten Hände nicht einmal den Boden berührten. Dabei sprach sie unaufhörlich weiter. Als ich mich mit ihrer Hilfe aufrichtete, gingen wir weiter, als wäre nichts gewesen. Ohne daß mir der Grund bewußt wurde, dachte ich in diesem Moment an die

Gaspistole, die in meiner Tasche lag.

Lebhaft sprechend hatten wir einen langen Weg zurückgelegt. Plötzlich blieb Anastasia stehen, stellte meine Tasche unter einen Baum und sagte freudig:

- Wir sind da.

Ich schaute mich um. Eine kleine gemütliche Lichtung, viele Blumen unter herrlichen Zedern, doch keine Spur von irgendwelchen Bauten. Nicht einmal eine Hütte.

- Und wo ist das Haus? Wo kann man schlafen, essen und sich vor dem Regen schützen?

- Hier ist mein Zuhause. Alles Nötige ist da.

Eine Unruhe erfaßte mich.

- Wo ist denn alles? Gib mir einen Teekessel, damit ich Wasser auf dem Feuer kochen kann. Eine Axt brauche ich auch.

- Es gibt keinen Teekessel und keine Axt. Es wäre auch gut, wenn du hier kein Feuer machst.

- Was sagst du denn? Du hast nicht einmal einen Teekessel. Ich habe kein Wasser mehr. Du weißt doch, als ich gegessen hatte, warf ich die leere Flasche weg. Nur ein paar Tropfen Kognak sind noch da. Bis zum Fluß oder einem Dorf muß man einen ganzen Tag gehen. Und ich bin ohnehin müde und durstig. Wo nimmst du Wasser her? Woraus trinkst du?

Anastasia wurde bekümmert wegen meiner Aufregung, nahm mich an der Hand und führte über die Lichtung in den Wald, indem sie mich unterwegs immer wieder beruhigte:

- Keine Sorgen, Wladimir. Ich bitte dich, reg dich

nicht auf. Ich werde alles für dich tun. Du wirst dich ausruhen. Du wirst dich ausschlafen. Ich tue alles. Du wirst nicht frieren. Möchtest du trinken? Gleich gebe ich dir zu trinken.

Nur zehn oder fünfzehn Meter von der Lichtung entfernt lag ein kleiner See. Anastasia schöpfte Wasser mit den Handflächen und bot es mir an:

- Da ist Wasser. Trink bitte.

- Bist du verrückt? Soll ich Wasser aus einer Waldpfütze trinken? Du hast doch gesehen, ich trinke Mineralwasser. Auf dem Schiff wird das Flußwasser mit speziellen Anlagen gefiltert, gechlort und ozonisiert, auch zum waschen.

- Das ist keine Pfütze. Hier ist reines, lebendiges Wasser. Ja, lebendig und nicht halbtot wie bei euch. Man kann es trinken. Sieh.

Sie hob ihre Hände zum Mund und trank Wasser.

Ich rief unwillkürlich:

- Anastasia, bist du etwa ein Tier?

- Warum? Weil mein Bett anders ist als deines? Weil ich keine Haushaltsgeräte und keine Vorrichtungen habe?

- Weil du wie ein Tier im Wald lebst und kein richtiges Zuhause hast. Ich habe auch den Eindruck, es gefällt dir so zu leben.

- Du hast recht, es gefällt mir hier.

- Siehst du, du hast es selbst bestätigt.

- Meinst du, daß nur die künstlich geschaffenen Gegenstände die Menschen von anderen, die Erde bewohnenden Lebewesen unterscheiden?

- Ja, oder anders gesagt, - die zivilisierten Lebensverhältnisse.
- Du findest deine Lebensverhältnisse mehr zivilisiert? Ohne Zweifel meinst du es. Und doch bin ich kein Tier. Ich bin ein Mensch.

Wer sind sie?

In den folgenden drei Tagen des Zusammenseins mit ihr konnte ich sie und ihre Lebensweise beobachten und begann schon etwas zu verstehen. Zugleich entstanden Zweifel an unserer Lebensweise.

Ein Problem beschäftigte mich ständig und auch heute noch. Wir haben ein kompliziert strukturiertes Bildungssystem geschaffen. Ausgehend von diesem System werden wir alle belehrt: im Kindergarten, in der Schule und an der Hochschule. Dieses System ermöglicht uns, Erfindungen zu machen und in den Kosmos zu fliegen. Diesem System folgend, gestalten wir auch unser Leben. Wir sind bestrebt, den Kosmos, den Atomaufbau und verschiedene übernatürliche Erscheinungen zu erforschen. Darüber wird gern und ausführlich in sensationellen Presse- und wissenschaftlichen Beiträgen diskutiert. Nur ein Phänomen wird unbegründet und beharrlich verschwiegen, als hätte man Angst, darüber zu reden. Dieses Phänomen macht unser Bildungssystem und die wissenschaftlichen Erkenntnisse zunichte und die Gegebenheiten unseres

Daseins lächerlich. Wir tun so, als gäbe es dieses gar nicht. Aber dieses Phänomen gibt es und wird es immer geben, trotz unserer Bemühungen, es nicht zu beachten und zu verschweigen. Es ist wohl Zeit, alle darauf aufmerksam zu machen und mit vereinten Kräften zu versuchen folgende Frage zu beantworten:

- Wie kommt es, daß alle großen Denker, Begründer der unterschiedlichen religiösen Lehren, von denen sich der größte Teil der Menschheit leiten läßt oder wenigstens bemüht, diesen zu folgen, sich vorher in den Wald zurückgezogen und dort ein Eremitenleben geführt haben? Sie gingen nämlich in den Wald und nicht auf eine Superakademie.

- Warum ging der alttestamentliche Mose in den Wald, um die Gesetze zu schreiben?

- Warum zog sich auch Jesus Christus von seinen Jüngern zurück?

- Warum zog sich auch Siddhardha Gautama in den Wald zurück, der Mitte des 6. Jahrhunderts vor unserer Zeitrechnung in Indien lebte, und erst nach sieben Jahren zu den Menschen zurückkehrte, als er seine Lehre geschaffen hatte, die bis heute einen großen Anhängerkreis findet. Buddhismus heißt diese Lehre nach dem Namen Buddha, den er später erhalten hat.

- Warum gingen auch unsere Vorfahren als Eremiten in den Wald, solche wie Serafim von Sarow und Sergius von Radonesh, die als historisch bedeutende Persönlichkeiten gelten, und nach einiger Zeit so eine hohe Stufe an Weisheit erreichten, daß auch manche weltliche Könige sie trotz unbefahrbarer Wege besuchen wollten, um sich von ihnen beraten zu lassen?

An Orten ihres Eremitentums entstanden Klöster und herrliche Kirchen. So ist z B. die Dreifaltigkeitskirche in der Stadt Sergiew Posad des Moskauer Gebiets auch heute ein Anziehungspunkt für viele Besucher. Am Anfang lebte hier nur ein Eremit.

Warum? Was oder wer half diesen Menschen, zur Weisheit zu gelangen, Erkenntnisse zu gewinnen und den Sinn des Daseins zu verstehen? Wie lebten sie, was machten sie, worüber dachten sie nach, zurückgezogen im Wald?

Diese Fragen beschäftigten mich nach der Bekanntschaft mit Anastasia, als ich allerlei Bücher über Eremiten, die ich finden konnte, zu lesen begann. Doch die Antwort darauf habe ich bis heute nicht gefunden. Nirgendwo steht geschrieben, was mit ihnen dort geschah.

Ich denke, daß die Antwort nur gemeinsam gefunden werden kann. Deshalb beschreibe ich die Erlebnisse meines dreitägigen Aufenthaltes im Wald und meine Gefühle und Eindrücke vom Umgang mit Anastasia. Ich hoffe, daß sich jemand findet, der das Wesen dieses Phänomens verstehen kann.

Nur eines davon, was ich selbst erlebt und gehört habe, steht fest:

Die Menschen, die im Wald als Eremiten leben, darunter Anastasia, beurteilen unser Leben von einem ganz anderen Gesichtspunkt aus. Manche Ansichten Anastasias stehen im Gegensatz zu den allgemeingültigen. Auf wessen Seite ist die Wahrheit? Wer kann darüber entscheiden? Mein Ziel ist es, nur mitzuteilen, was ich gesehen und gehört habe.

Anastasia lebt im Wald, ganz allein. Sie hat kein Haus, sie trägt fast keine Kleidung und sie kümmert sich nicht um Essensvorräte. Sie entstammt den Menschen, die hier seit Jahrtausenden leben und eine besondere Art der Zivilisation darstellen. Anastasia wurde hier geboren und ist ein Bestandteil der Natur. Eine auf den ersten Blick mystische Erscheinung, als ich beim Versuch Anastasia zu beherrschen, von einer ungeheuren Angst erfaßt, ohnmächtig wurde, ließ sich sehr einfach erklären: der Mensch kann ja Tiere zähmen - Katzen, Hunde, Elefanten, Tiger und Adler. Hier ist ihm Alles ergeben. Und dieses Alles kann nicht zulassen, daß ihr etwas Böses passiert. Anastasia erzählte, daß als sie geboren wurde und später als sie noch nicht ein Jahr alt war, ihre Mutter sie im Gras allein liegen lassen konnte.

„Und du hattest keinen Hunger?" - fragte ich. Zur Antwort schnappte sie mit den Fingern, und sofort kam auf ihre Handfläche ein Eichhörnchen gesprungen. Anastasia brachte das Mäulchen des Tieres zu ihrem Mund heran und bekam vom Eichhörnchen einen Kern der Zedernnuß. Ich fand darin nichts Phantastisches. Das erinnerte mich an viele Eichhörnchen in Akademgorodok bei Nowosibirsk, die keine Angst vor den Menschen haben, sie um Futter bitten und sich auch ärgern, wenn sie nichts bekommen. Hier war es umgekehrt.

Allgemein bekannt sind zahlreiche Beispiele aus Büchern, Presseberichten, Fernsehsendungen, in de-

nen es sich um Säuglinge handelt, die zufällig mitten in die wilde Natur gerieten und von Wölfen gestillt wurden. Hier aber leben Generationen mitten in der Natur, und ihre Beziehungen zu der Tierwelt sind ganz anders als unsere. Ich fragte sie: „Warum frierst du ohne Kleidung nicht, während ich eine Jacke tragen muß?"-" Es liegt daran,- erklärte sie, - daß der Organismus der Menschen, die sich immer warm anziehen und sich vor Wärme und Hitze schützen, nach und nach die Fähigkeit verliert, sich an wechselnde Verhältnisse anzupassen. Ich habe diese Eigenschaft des menschlichen Organismus nicht verloren, darum brauche ich kaum Kleidung".

Schlafzimmer im Wald

Ich hatte keinen Schlafsack mit, um im Wald übernachten zu können. Anastasia brachte mich in einer Erdhöhle unter. Als ich erwachte, fühlte ich mich sehr behaglich, fast selig, als läge ich in einem herrlichen richtigen Bett. Die Erdhöhle war geräumig, ihr Boden war dicht mit kleinen weichen Zedernzweigen und trockenen Gräsern bedeckt, die den Raum mit wohlriechenden Düften erfüllten. Ich streckte mich aus, und meine Hand berührte dabei ein flaumiges Fell. Also, Anastasia muß doch irgendwie jagen, dachte ich. Ich rückte mich dicht ans Fell, um mich zu erwärmen, und wollte noch etwas schlafen.

Anastasia stand am Eingang der Erdhöhle und als sie bemerkte, daß ich erwacht war, sagte sie sofort: „Bitte, habe keine Angst!" Sie klatschte in die Hände, und das „Fell" erhob sich. Erschrocken begriff ich erst jetzt, daß es kein Fell, sondern ein lebendiger Bär war. Vorsichtig kletterte er aus der Erdhöhle heraus. Anastasia gab ihm einen Klaps zur Belohnung, und er ging. Es stellte sich heraus, daß sie Schlafkräuter neben meinen Kopf gelegt hatte und dann einen Bär daneben legen ließ, damit ich nicht fror. Sie selbst schlief zusammengerollt am Eingang draußen.

- Wie bist du auf diese Idee gekommen? Er hätte mich ja zerreißen oder zerquetschen können.

- Nicht er, sondern sie. Das ist eine Bärin. Sie hätte dir nichts Böses antun können, - erwiderte Anastasia, - sie ist sehr folgsam. Es macht ihr viel Spaß, etwas für mich zu tun. Sie drehte sich nicht einmal im Schlaf um. Sie steckte ihre Nase in meine Füße und schlief so selig ein. Nur zuckte sie ab und zu zusammen, als du dich im Schlaf strecktest und sie mit den Händen schlugst.

Anastasias Morgen

Anastasia geht zu Bett, sobald es dunkel wird. Sie schläft in einem Tierbau, meistens in einer Bärenhöhle. Wenn es warm ist, kann sie draußen im Gras schlafen. Ihr erstes Gefühl beim Erwachen ist eine stürmische

Freude, sie freut sich über den Sonnenaufgang, über neue Baum- und Pflanzentriebe. Sie berührt sie mit den Händen, streichelt und tut etwas für sie. Dann läuft sie zu Bäumen und klopft auf die Stämme. Von den zitternden Kronen rieselt etwas herab, Blütenstaub oder Tau. Dann legt sie sich auf das Gras und reckt und dehnt sich genüßlich fünf Minuten lang. Ihr Körper wirkt jetzt, als wäre er mit einer feuchten Creme behandelt. Dann springt sie auf, läuft und stürzt sich in den kleinen See, planscht und taucht im Wasser.

Ihre Beziehungen zu der sie umgebenden Tierwelt sind ebenso wie unsere zu den Haustieren. Während ihrer Morgenprozeduren sehen viele Tiere zu. Sie nähern sich ihr nicht. Nur wenn sie einem Tier ein Zeichen gibt, mit einem Blick oder mit einer unmerklichen Bewegung, rührt es sich glücklich vom Platz und rennt zu ihr. Ich beobachtete, wie sie einmal am Morgen ganz kindisch mit einer Wölfin wie mit einem Hund spielte. Anastasia gab der Wölfin einen Klaps auf den Hals und lief schnell fort. Die Wölfin rannte ihr nach, und als sie Anastasia fast einholte, sprang diese hoch, stieß sich mit beiden Beinen von einem Baumstamm ab und lief in die andere Richtung. Die Wölfin rannte am Baum vorbei, kehrte erst dann um und lief Anastasia wieder nach.

Anastasia kümmert sich gar nicht um Kleidung und Nahrung. Sie läuft immer halbnackt oder nackt und ernährt sich nur von Zedernnüssen, Beeren und Pilzen.

Sie ißt nur trockene Pilze. Dabei sammelt sie weder Pilze noch Nüsse, sie sammelt überhaupt keine Vorräte,

nicht einmal für den Winter. Zahlreiche Eichhörnchen tun es für sie. Es ist kein Wunder, daß die Eichhörnchen Vorräte für den Winter sammeln. Alle Eichhörnchen machen das, ihrem Instinkt folgend. Etwas anderes setzte mich in Erstaunen: Anastasia braucht nur mit den Fingern zu schnippen, und alle in der Nähe befindlichen Eichhörnchen rennen um die Wette, um auf ihre ausgestreckte Hand hinaufzuspringen und ihr einen Zedernnußkern anbieten zu dürfen. Klopft Anastasia aufs Knie, stoßen die Eichhörnchen einen Laut hervor, der als Signal für alle dient, zusammenzukommen und trockene Pilze und andere Vorräte für Anastasia zusammenzutragen. Ich hatte den Eindruck, daß es ihnen viel Spaß macht. Zuerst dachte ich, das sei ein Ergebnis ihrer Dressur, doch Anastasia erwiderte, daß hier ein Instinkt wirkt, und die Eichhörnchen nur dem Beispiel ihrer Mutter folgen.

- Es ist durchaus möglich, daß sie jemand von meinen Vorfahren dressiert hat, ich aber denke eher, das ist ihre Bestimmung. Jedes Eichhörnchen sammelt um das Vielfache mehr für den Winter als es braucht.

Auf die Frage, wie sie ohne Winterkleidung auskommt und nicht friert, stellte mir Anastasia eine Gegenfrage:

- Gibt es etwa in eurer Welt keine Beispiele von Menschen, die Kälte ertragen können?

Ich dachte an das Buch von Porfirij Iwanow, der bei beliebiger Kälte nur eine kurze Hose und keine Schuhe trug. In diesem Buch wurde auch davon erzählt, wie die Faschisten, um seine Ausdauer zu prüfen, ihn bei

20 Grad Kälte mit kaltem Wasser begossen und dann nackt mit ihm auf dem Motorrad fuhren.

Als Kleinkind bekam Anastasia als Nahrung nicht nur Muttermilch, sondern auch die Milch verschiedener Tiere. Auch jetzt geben sie ihr gern ihre Milch.

Sie macht keinen Kult aus dem Essen. Sie setzt sich nicht hin, um zu essen. Im Gehen pflückt sie eine Beere oder einen Pflanzentrieb zum Essen und geht weiter ihrer Beschäftigung nach.

Am Ende meines dreitägigen Aufenthaltes bei Anastasia hatte ich eine völlig andere Vorstellung von ihr als vorher. Jetzt sah ich sie nicht mehr als eine Art Tier an, sondern als ein Wesen mit einem hochentwickelten Intellekt, als ein Phänomen, das zu begreifen einem gewöhnlichen Menschen der Verstand fehlt... Aber gerade diese Auffassung war Anastasia nicht recht und machte sie traurig.

Im Unterschied zu den meisten bekannten Menschen, die außergewöhnliche Fähigkeiten besitzen und sich mit der Aura einer geheimnisvollen und außerordentlichen Persönlichkeit umhüllen, wollte sie dagegen das Besondere ihrer Fähigkeiten erklären und damit beweisen, daß es nichts Übernatürliches auf sich hat. Sie sei ein Mensch, eine Frau. Sie wollte, daß ich das einsah.

Ich versuchte damals, das einzusehen und eine Erklärung für alles Ungewöhnliche zu finden.

Das Gehirn der Menschen unserer Zivilisation ist nur darauf ausgerichtet, mit allen möglichen Mitteln das Leben bequem zu machen, Nahrung zu bekommen und

Geschlechtsinstinkte zu befriedigen. Anastasia verwendet keine Zeit dafür. Menschen wie Lykows müssen auch für Nahrung und ein Obdach sorgen. Die Natur hilft ihnen nicht in dem Maße wie das bei Anastasia der Fall ist. Auch verschiedene Volksstämme, die weit aller Zivilisation leben, haben nicht so engen Kontakt mit der Natur wie Anastasia. Sie meint, das kommt davon, daß das Trachten dieser Menschen nicht rein genug ist, und die Natur und die Tiere spüren das sehr gut.

Anastasias Strahl

Äußerst ungewöhnlich, ja mystisch schien mir damals im Wald ihre Fähigkeit, einzelne Menschen, die weit weg von ihr leben, sowie alles, was mit ihnen geschieht, zu sehen. Vielleicht besaßen auch andere Eremiten diese Fähigkeit. Anastasia benutzte dafür einen unsichtbaren Strahl. Sie behauptete, jeder Mensch besitze so einen Strahl, man wisse nur nichts davon, und deswegen benutze man ihn nicht.

- Der Mensch hat noch nichts erfunden, was es in der Natur nicht gibt. Eure Fernsehtechnik ist nur eine kümmerliche Nachahmung dieses Strahls.

Da dieser Strahl für mich unsichtbar war, glaubte ich nicht an ihn, trotz ihrer mehrmaligen Versuche, mir seine Wirkungsweise vorzuführen und mit Beispielen und Beweisen mir alles verständlich zu machen.

- Sag, Wladimir. Was sind Träume? Kann jeder träumen? Was meinst du dazu?

- Ich denke, viele können das.

- Gut. Also, du wirst nicht widersprechen, daß der Mensch fähig ist, seine Zukunft und verschiedene konkrete Situationen zu modellieren?

- Nein, ich widerspreche es nicht.

- Und was ist die Intuition?

- Nun, die Intuition ... Es ist eine Ahnung. Wenn man gleichsam nicht analysiert, was und warum etwas geschehen kann, doch man ahnt irgendwie, was zu tun ist.

- Also, du wirst nicht bestreiten, daß der Mensch außer der Fähigkeit zu analysieren noch etwas besitzt, das ihm hilft, seine Handlungen und diejenigen von anderen Menschen vorauszusehen.

- Angenommen.

- Ausgezeichnet, - rief Anastasia, - und nun der Traum im Schlaf! Was ist das? Was sind die Träume, die fast alle im Schlaf sehen?

- Das ist ... Ich weiß nicht, was es ist. Es ist, was es ist, einfach ein Traum im Schlaf.

- Nun gut. Sei es so, einfach ein Traum. Du bestreitest also nicht, daß es ihn gibt. Ist es dir und anderen bekannt, daß der Mensch während des Schlafs, wenn sein Körper kaum durch das Bewußtsein kontrolliert wird, Menschen und verschiedene Ereignisse sehen kann?

- Niemand wird das bestreiten.

- In einem Traum können die Menschen Gespräche führen und ihre Gefühle einander mitteilen.

- Durchaus möglich.
- Und was meinst du? Kann der Mensch seinen Traum planen? Kann er die gewünschten Gestalten und Ereignisse in seinem Traum entstehen lassen?
- Ich glaube es nicht. Das geschieht im Traum von selbst.
- Du irrst dich. Der Mensch kann alles steuern. Dazu ist er auch geschaffen worden, um alles zu steuern. Der Strahl, von dem ich dir erzählt habe, enthält alle Informationen, über die wir verfügen, unsere Vorstellungen, Ahnungen, seelische Regungen und folglich Visionen beziehungsweise Träume im Schlaf, die vom Willen des Menschen bewußt gesteuert werden.
- Wie kann man einen Traum im Schlaf steuern?
- Nicht im Schlaf, sondern wenn man wach ist. Man kann ihn im voraus und mit absoluter Genauigkeit programmieren. Bei euch erfolgt das im Schlaf und chaotisch. Der Mensch hat die Fähigkeit zu steuern verloren. Darum glaubt er, ein Traum sei bloß ein unnützes Produkt des müden Gehirns. In der Tat ist es anders. Nun, willst du, daß ich dir gleich helfe, etwas zu sehen, was weit von hier geschieht?
- Gut, mach das.
- Leg dich auf das Gras und entspanne dich, damit dein Körper weniger Energie verbraucht. Liegst du bequem, stört dich nichts? Nun denke an einen Menschen, den du gut kennst, an deine Frau zum Beispiel. Erinnere dich an ihre Gewohnheiten, an ihren Gang und ihre Kleidung, denke daran, wo sie im Moment sein kann und stell dir alles vor.

Ich dachte an meine Frau, ich wußte, daß sie jetzt auf unserer Datsche sein sollte. Ich bemühte mich, mir unser Haus, Möbel und einzelne Gegenstände vorzustellen. Ich dachte an viele Dinge und Einzelheiten, doch ich sah nichts. Ich sagte das Anastasia, worauf sie antwortete:

- Du kannst dich nicht richtig entspannen und gleichzeitig einschlafen. Mach die Augen zu! Strecke deine Hände an die Seite aus!

Ich spürte noch, wie ihre Finger meine Hand berührten und begann einzuschlafen.

Ich sah meine Frau in der Küche der Datsche. Über dem Schlafrock trug sie eine wollene Jacke. Also, im Haus war es kalt. Wieder Schwierigkeiten mit der Heizung.

Meine Frau stand am Gasherd und kochte Kaffee und noch etwas für den Hund. Ihr Gesicht war traurig und unzufrieden. Ihre Bewegungen waren matt. Unerwartet hob sie den Kopf, ging leichten Ganges zum Fenster, hinter dem es regnete, und lächelte. Der Kaffee war inzwischen übergelaufen, sie nahm die Kaffeekanne schnell vom Herd, doch ihr Gesicht blieb ruhig, sie ärgerte sich diesmal nicht wie sonst. Sie zog die Jacke aus.

Dann erwachte ich.

- Nun, hast du sie gesehen? - fragte Anastasia.
- Ja, aber vielleicht war es ein gewöhnlicher Traum?
- Wie kann er gewöhnlich sein? Du wolltest doch sie sehen.
- Ja, ich wollte sie sehen und habe sie gesehen. Aber

wie kann man beweisen, daß sie in diesem Moment in der Küche war?

- Merke dir den Tag und die Zeit. Wenn du nach Hause kommst, frage sie danach. Hast du sonst nichts Ungewöhnliches bemerkt?

- Nichts.

- Hast du denn ihr Lächeln nicht bemerkt, als sie zum Fenster kam und sich nicht über den übergelaufenen Kaffee ärgerte?

- Doch. Vielleicht hat sie etwas Gutes draußen gesehen und das hat sie lustig gemacht.

- Nein, sie hat nur den Regen gesehen, den sie nicht mag.

- Warum hat sie dann gelacht?

- Ich habe ja auch sie mit Hilfe meines Strahls gesehen, sie erwärmt und ihre Stimmung verbessert.

- Dein Strahl hat also sie erwärmt. Und meiner? Ist er etwa kalt?

- Du hast sie nur mit Interesse angesehen, ohne warmes Gefühl.

- Also, dein Strahl kann einen Menschen aus der Ferne erwärmen?

- Eben.

- Und was kann er noch?

- Mit seiner Hilfe kann man Informationen erhalten und mitteilen, die Stimmung und die Gesundheit verbessern und viele andere Dinge machen. Es kommt auf die vorhandene Energie, die Intensität der Gefühle, die Stärke des Willens und der Wünsche an.

- Kannst du damit auch die Zukunft sehen?

- Sicher.
- Und die Vergangenheit?
- Die Zukunft und die Vergangenheit sind fast dasselbe. Sie unterscheiden sich voneinander nur durch äußerliche Einzelheiten. Das Wesentliche bleibt unveränderlich.
- Wieso? Was bleibt hier unverändert?
- Zum Beispiel: vor tausend Jahren trugen die Menschen andere Kleidung. Sie benutzten andere Haushaltsgegenstände. Aber darauf kommt es nicht an. Auch vor tausend Jahren empfanden die Menschen dieselben Gefühle, die nicht von der Zeit abhängen. Angst, Freude, Liebe... Jaroslaw der Weise, Iwan der Schreckliche und ein Pharao konnten ebenso Frauen lieben, wie du und andere heute.
- Es hört sich interessant an, aber es ist nicht ganz klar, was es bedeutet. Du behauptest, jeder könne einen ähnlichen Strahl besitzen.
- Aber sicher. Die gegenwärtigen Menschen sind noch fähig, etwas zu fühlen, zu ahnen, zu träumen, einzelne Situationen vorauszusehen und zu simulieren, Träume zu sehen. Doch alles bei euch ist chaotisch und nicht steuerbar.
- Vielleicht könnte man üben und spezielle Übungen dafür ausarbeiten?
- Ja, es ist möglich. Aber weißt du, es gibt noch eine Bedingung, damit der Strahl unseren Willen erfüllt.
- Welche Bedingung?
- Man muß unbedingt reine Absichten haben, denn die Stärke des Strahls ist von der Stärke guter Gefühle

abhängig.

- Ach so! Einiges wurde mir schon klar, und nun reine Absichten und gute Gefühle. Was haben sie damit zu tun?

- Sie bilden nämlich die Energie des Strahls.

- Genug, Anastasia. Ich bin dessen schon überdrüssig, dann kommt noch etwas hinzu.

- Das Wesentliche habe ich schon gesagt.

- Ja, du hast es gesagt. Aber es sind zu viele Bedingungen. Wollen wir lieber über ein anderes Thema sprechen.

Den ganzen Tag überlegt und simuliert Anastasia alle möglichen Situationen, die in unserer Vergangenheit, Gegenwart und Zukunft stattfinden.

Sie besitzt ein kolossales Gedächtnis. Sie erinnert sich an eine große Anzahl von Menschen, die sie mit Hilfe ihres Strahls gesehen habe sowie an ihre Gefühle. Wie eine geniale Schauspielerin kann sie ihren Gang und ihre Stimme nachahmen und wie sie denken. Sie sammelt und bewahrt Lebenserfahrungen einer großen Anzahl von Menschen aus der Vergangenheit und der Gegenwart. Sie benutzt diese Erfahrungen, simuliert mit ihrer Hilfe die Zukunft und hilft so anderen Menschen.

Sie macht es aus großen Entfernungen mit Hilfe ihres unsichtbaren Strahls und die Menschen, die sie heilt, denen sie Entscheidungen zu treffen hilft, ahnen nicht einmal etwas davon.

Erst später erfuhr ich, daß ähnliche unsichtbare Strahlen von unterschiedlicher Stärke von jedem Menschen ausgehen. Der Gelehrte Akimow hatte sie mit speziellen Geräten fotografiert, und die Aufnahmen 1996 im Maiheft der Zeitschrift „Wunder und Abenteuer" veröffentlicht.

Leider sind wir nicht imstande, diese Strahlen wie Anastasia zu benutzen. Wissenschaftlich wird dieses Phänomen Torsionsfelder genannt.

Anastasias Weltanschauungen sind sehr eigenartig und interessant.

- Was ist Gott, Anastasia? Gibt es ihn? Wenn es ihn gibt, warum hat niemand ihn gesehen?

- Gott ist ein interplanetarer Verstand oder Intellekt, der nicht in einer Einzelmasse konzentriert ist. Die Hälfte davon befindet sich im Weltall, in einer nicht materiellen Welt. Das ist ein Komplex aller Energie. Die andere Hälfte ist auf der Erde zerstreut, ein Teilchen davon ist in jedem Menschen enthalten. Die dunklen Kräfte bemühen sich immer wieder diese Teilchen zu neutralisieren.

- Was erwartet unsere Gesellschaft in Zukunft?

- Man wird verstehen, daß die technische Entwicklung zum Untergang führt, und man wird sich zu den Urquellen wenden.

- Willst du damit sagen, daß alle unsere Wissenschaftler keinen entwickelten Verstand besitzen und uns in den Abgrund führen?

- Ich will sagen, daß ihre Tätigkeit den Prozeß beschleunigt und somit auch zum Verständnis der falschen Entwicklung beiträgt.

- Also, alles, was wir bauen, Maschinen und Häuser,

ist umsonst.

- Eben.

- Anastasia, ist es dir nicht langweilig, hier allein, ohne Fernseher und Telefon zu leben?

- Von welchen primitiven Dingen redest du! Der Mensch besaß sie von Anfang an, nur in vollkommener Art. Ich habe sie auch.

- Fernseher und Telefon?

- Was ist denn ein Fernseher? Ein Apparat, mit dessen Hilfe den Menschen mit atrophierter Einbildungskraft kümmerliche Informationen, Bilder und Sujets angeboten werden? Mein Einbildungsvermögen ermöglicht mir, beliebige Sujets und Bilder, unglaubliche Situationen entstehen zu lassen sowie an diesen teilzunehmen und sie zu beeinflussen. Rede ich wieder unverständlich? Oder?

- Und wie steht es mit dem Telefon?

- Die Menschen können miteinander auch ohne Telefon kommunizieren, dazu braucht man nur den Willen, den Wunsch und die entwickelte Vorstellungskraft beider Seiten.

Konzert in der Taiga

Ich machte Anastasia den Vorschlag, nach Moskau zu kommen und dort im Fernsehen aufzutreten.

- Stell dir vor, Anastasia, du mit deiner Schönheit könntest ein Superfotomodell und ein weltberühmtes Mannequin werden.

Da sah ich ein, daß nichts Irdisches ihr fremd war. Wie für jede Frau, war es auch für sie angenehm, als eine schöne Frau wahrgenommen zu werden. Anastasia lachte freudig. „Die Allerschönste, ja?" - fragte sie, und begann Possen zu treiben. Sie ging über die Lichtung wie ein Modell auf dem Laufsteg. Es sah sehr komisch aus, wie sie den Gang eines Mannequins nachahmte, indem sie ein Bein vor das andere mit charakteristischer Bewegung stellte, wie sie angeblich Kleider demonstrierte.

Ich klatschte ihr Beifall und von ihr zur Teilnahme am Spiel hingerissen, erklärte ich:

- Und nun, geehrtes Publikum, tritt auf die unübertroffene Akrobatin, die einmalige Schönheit Anastasia!

Das ermunterte sie noch mehr. Sie lief in die Mitte der Lichtung und machte einen phantastischen Salto, zuerst nach vorn und nach hinten, dann nach links und nach rechts.

Sie ergriff mit einer Hand den Zweig eines Baumes schwang zweimal und warf ihren Körper auf einen anderen Baum. Nach einem Salto lief sie wieder in die Mitte der Lichtung, um sich vor dem Publikum unter meinem Beifall zu verbeugen. Dann lief sie fort und im Gebüsch wie hinter den Kulissen versteckt, schaute sie lachend hervor und wartete mit Ungeduld, bis ich ihren nächsten Auftritt erklärte. Ich erinnerte mich an eine Videokassette mit Aufzeichnungen meiner Lieblingslieder, ausgeführt von populären Sängern. Abends sah ich sie mir ab und zu in meiner Kajüte an.

Ohne zu denken, ob sie etwas davon darstellen kann, erklärte ich:

- Sehr geehrtes Publikum, jetzt singen für Sie die besten Estradesolisten der Gegenwart ihre schönsten Lieder!

Oh, erst jetzt sah ich ein, wie ich mich geirrt habe, daß ich an ihre Fähigkeiten nicht glaubte. Es geschah etwas Phantastisches, das ich ihr nicht zugetraut hätte. Anastasia verließ die imaginären Kulissen und sang mit der Stimme von Alla Pugatschjowa. Nein, das war keine Parodie, sie versuchte nicht ihre Stimme nachzuahmen, sondern sie sang frei und gab nicht nur die Intonationen und die Melodie, sondern auch Gefühle wieder.

Noch mehr wunderte ich mich darüber, wie Anastasia einzelne Wörter betonte und damit zusätzliche dem Lied eigene Nuancen verlieh, so daß das Lied von Alla Pugatschjowa, deren Ausführung unübertroffen zu sein schien, jetzt neue Gefühle erweckte, auch die Gesten bei Anastasia waren ausdrucksvoller. Zum Beispiel in folgenden ausgezeichnet gesungenen Strophen:

> *Es war einmal ein Maler,*
> *Er hatte viele Bilder und ein Haus*
> *Und liebte eine Frau,*
> *Die liebte Blumen über alles.*
> *Der Maler verkaufte sein Haus,*
> *Seine Bilder und anderes mehr*
> *Und gab alles Geld aus*
> *Für ein Blumenmeer.*

Anastasia betonte das Wort Bilder. Verwundert und fast erschrocken rief sie dieses Wort. Denn das Schaffen ist das Allerheiligste für einen Maler, und er verzichtet darauf wegen der geliebten Frau. Bei den Worten „Und der Zug führt sie weit weg" spielte sie meisterhaft Leiden, Verzweiflung und Verwirrung des verliebten Malers, der dem Zug nachschaut, der seine Geliebte für immer fortbringt.

Alles, was ich dabei erlebt habe, war so überwältigend, daß ich vergaß, Beifall zu klatschen als das Lied zu Ende war. Anastasia verbeugte sich, wartete eine Weile auf einen Beifall, und da dieser nicht folgte, begann sie ein neues Lied mit noch größerem Eifer zu singen. Sie sang alle meine Lieblingslieder nacheinander, wie sie auf meiner Videokassette aufgezeichnet waren. Und jedes Lied, von mir schon mehrmals gehört, wirkte in ihrer Ausführung eindrucksvoller und bedeutender. Nach dem „Konzert" ging sie hinter ihre Kulissen, ohne Beifall erhalten zu haben. Stark beeindruckt und ganz verwirrt saß ich eine Weile, ohne zu reagieren. Dann sprang ich auf, klatschte Beifall und rief: „Toll, Anastasia! Bravo! Vorhang auf für alle Solisten!" Anastasia kam zögernd aus den „Kulissen" und verbeugte sich, während ich immer wieder „Bravo" rief, in die Hände klatschte und mit den Füßen stampfte.

Sie kam auch in Stimmung, klatschte in die Hände und rief: „Bedeutet bravo Zugabe?"

- Ja, noch mehr und immer mehr Zugaben ...

Dann schwieg ich und sah sie aufmerksam an.

Wie vielseitig war sie, wie reich mußte ihre Seele sein, wenn sie der ohnehin vollendeten Ausführung so viele neue und schöne Nuancen verleihen konnte. Sie sah mich auch stumm und forschend an. Dann fragte ich sie: „Anastasia, hast du ein eigenes Lied, könntest du etwas vorsingen, was ich noch nie gehört habe?"

- Ich kann, aber mein Lied ist ohne Worte. Ich weiß nicht, ob es dir gefällt.

- Bitte, sing dein Lied.

Und sie sang ihr wunderbares Lied. Zuerst hörte es sich an, als riefe ein neugeborenes Kind. Dann klang ihre Stimme leise, sanft und zärtlich. Sie stand unter einem Baum mit geneigtem Kopf, als hielte sie ein Kind in ihren Armen und sänge ihm ein Wiegenlied mit kosender Stimme. Sie sprach Zärtlichkeiten zu ihm. Alles verstummte in der Natur, die Vögel und auch die Libellen im Gras, so ungewöhnlich schön und rein war dieser leise Gesang. Dann tat sie so, als freute sie sich über das Erwachen des Kindes. Ich hörte ihre Stimme jubeln. Unglaublich hohe Töne schwebten über der Erde und stiegen in die Höhe der Unendlichkeit. Anastasias Stimme klang bald flehend, bald streitend, bald wieder sanft, als kose sie das Kind, bald Freude der ganzen Welt mitteilend.

Das Gefühl der Freude erfaßte auch mich. Als ihr Lied zu Ende war, rief ich ausgelassen:

- Und nun, geehrte Damen, Herren und Freunde, ein einzigartiger, einmaliger Auftritt der besten, kühnsten, geschicktesten und bezauberndsten Dompteurin der Welt, die alle möglichen Raubtiere zäh-

men kann. Sehen Sie es sich an und zittern Sie vor Schrecken!

Anastasia kreischte vor Begeisterung, sprang und klatschte in die Hände, schrie etwas und pfiff. Und dann geschah auf der Lichtung etwas Unvorstellbares. Zuerst sprang aus dem Gebüsch eine Wölfin heraus. Sie blieb am Rande der Lichtung stehen und schaute sich verständnislos um. Über die am Rande stehenden Bäume rannten Eichhörnchen, von einem Zweig zum anderen springend. Ganz niedrig kreisten zwei Adler. In den Sträuchern raschelten kleine Tiere. Dann hörte ich ein starkes Geknister trockener Zweige, auf die Lichtung kam ein riesiger Bär gelaufen und blieb wie erstarrt neben Anastasia stehen.

Die Wölfin knurrte unzufrieden. Der Bär muß ihr zu nah getreten sein. Anastasia kam schnell zum Bären, strich über sein Maul, packte seine Vorderpfoten und stellte ihn auf die Hinterpfoten. Sie hatte sich dabei kaum angestrengt, der Bär schien ihren Befehlen zu gehorchen. Er stand unbeweglich und bereit alles zu tun, was von ihm erwartet wurde. Anastasia lief an, sprang hoch, griff ins Fell des Bären und machte einen Handstand, dann sprang sie mit einem Salto vom Bären hinab.

Dann ergriff sie seine Pfote, beugte sich und zog somit den Bären über sich. Es sah aus, als würfe sie ihn über sich. Dieser Trick wäre nicht möglich gewesen, wenn der Bär ihr dabei nicht geholfen und alles selbst gemacht hätte, Anastasia dirigierte ihn nur. Im letzten Moment muß sich der Bär mit einer Pfote auf der Erde abgestützt haben, um seiner Herrin keinen Schaden zuzufügen. Die Erregung der Wölfin nahm zu, sie konnte nicht mehr ruhig bleiben und lief hin und her, immer heftiger knurrend. Am Rand der Lichtung erschienen noch ein paar Wölfe. Als Anastasia wiederholt den Bären über sich warf, so daß er dabei noch einen Salto machte, fiel der Bär nieder und rührte sich nicht mehr.

Die Wölfin, mit den Zähnen fletschend, machte einen Sprung in seine Richtung, doch Anastasia stellte sich ihr blitzschnell in den Weg. Die Wölfin bremste auf allen vieren, warf sich rückwärts und fiel gegen Anastasias Beine. Anastasia strich sie über den Rist, und die Wölfin legte sich folgsam nieder. Anastasia winkte mit der Hand, die Natur beruhigend, wie es auch mit mir der Fall war, als ich sie gegen ihren Willen umarmen wollte. Der Wald rauschte erregt, doch nicht drohend. Man spürte die Erregung aller laufenden, springenden, sich versteckenden großen und kleinen Tiere. Anastasia versuchte die Erregung zu vermindern. Zuerst streichelte sie die Wölfin, gab ihr einen Klaps und entließ sie wie einen Hund. Der Bär lag auf der Seite in einer unnatürlichen Haltung wie der Balg eines ausgestopften Tieres.

Er wartete wahrscheinlich auf weitere Befehle. Anastasia kam zu ihm, strich über das Maul und entließ ihn ebenso wie die Wölfin. Mit glühenden Wangen setzte sich Anastasia neben mich, atmete tief ein und langsam aus, und sofort wurde ihr Atmen wieder gleichmäßig, als hätte sie eben keine unglaublich schwierigen

Turnübungen gemacht.

- Die Tiere stellen sich nicht gern zur Schau, und mit Recht. Irgendwie ist es nicht gut, - bemerkte Anastasia und fragte mich:

- Nun, wie findest du mich? Habe ich eine Chance, eine Beschäftigung in eurer Welt zu finden?

- Ich finde dich toll. Aber dies alles gibt es auch bei uns. Die Zirkusleute zeigen viele interessante Tricks mit Tieren. Dort kannst du dich nicht durchsetzen. Es gibt so viele Hindernisse - Bürokratie, eine Menge von Formalitäten und Intrigen. In diesem Bereich hast du keine Erfahrung.

Wir spielten noch lange mit diesem Gedanken und besprachen eine Variante nach der anderen, wo Anastasia Arbeit in unserer Welt finden könnte und wie die vorhandenen Formalitäten zu überwinden wären. Es gelang uns aber nicht, etwas Passendes zu finden, denn Anastasia hatte weder ein Abschlußzeugnis noch Personalien. Niemand würde ihren Geschichten über ihre Herkunft und ihre außerordentlichen Fähigkeiten glauben. Dann sagte Anastasia ernst:

- Ich möchte sehr gern noch einmal eine Stadt besuchen, vielleicht auch Moskau, um mich zu überzeugen, ob ich richtig einzelne Situationen aus eurem Leben simuliere. Ich kann zum Beispiel nicht fassen, wie die dunklen Kräfte es schaffen, die Frauen so zu verdummen, daß sie ahnungslos die Männer mit ihren körperlichen Reizen anziehen und deshalb keine richtige Wahl treffen können, die Wahl der Seele. Dann müssen sie leiden, denn sie haben keine richtige Familie, denn ...

Wieder äußerte Anastasia überraschende zum Nachdenken anregende Ansichten in bezug auf Sex, Familie und Kindererziehung. Ich dachte: Das Unglaublichste von allem, was ich gesehen und gehört habe, ist wohl ihre Fähigkeit, über unser Leben so zu urteilen, als hätte sie ausführliche und sichere Informationen davon.

Wer zündet einen neuen Stern an?

Ich befürchtete, daß Anastasia mir auch in der zweiten Nacht eine Bärin ins Bett legen oder sonst etwas Törichtes tun würde. Deshalb erklärte ich ihr kategorisch, daß ich überhaupt nicht ins Bett gehen würde, wenn sie nicht daneben schlafen wird. Ich dachte: wenn sie neben mir liegt, dann bin ich in Sicherheit.

- Und so was nennt man Gastfreundschaft. Du hast mich eingeladen, dich in deinem Haus zu besuchen. Ich habe gedacht, hier gibt es irgendwelche Bauten, und du erlaubst mir nicht einmal ein Feuer zu machen. Vielmehr legst du mir ein Raubtier ins Bett. Wenn du kein richtiges Haus hast, darfst du niemanden einladen.

- Schon gut, Wladimir, beruhige dich und bitte, hab keine Angst! Dir wird nichts Böses passieren. Wenn du willst, werde ich neben dir schlafen und dich wärmen.

Diesmal gab es in der Erdhöhle noch mehr Zedernzweige und trockene Gräser, auch an den Wänden steckten duftige Zweige.

Ich zog mich aus, legte meine Hose und den Pulli unter den Kopf, legte mich hin und deckte mich mit der Jacke zu. Die Zedernzweige strömten einen starken Duft aus, von dem in der populär-wissenschaftlichen Literatur geschrieben wird, er sei phytonzid, das heißt die Luft reinigend. Übrigens ist die Luft in der Taiga ohnehin rein. Es tat wohl, sie einzuatmen. Von trockenen Gräsern und Blumen ging ein anderer, ungewöhnlich feiner Duft aus.

Anastasia hielt ihr Wort und legte sich neben mich. Ich spürte, daß der Geruch von ihrem Körper alle anderen Düfte übertraf. Er war angenehmer als das erlesenste Parfüm, das ich je an einer Frau roch. Dabei hatte ich kein Verlangen. Seit jenem Versuch auf dem Weg hierher, nach der Angst, die mich damals erfaßt hatte und nach der Ohnmacht, empfand ich kein Verlangen nach ihr, auch wenn ich sie nackt sah.

Ich lag und träumte von einem Sohn. Meine Frau hatte mir keinen geboren.

- Es wäre großartig, wenn ich einen Sohn von Anastasia hätte! Sie ist kerngesund, physisch abgehärtet und schön. Das Kind würde also auch gesund sein. Ich möchte, daß er mir ähnlich wäre, ein wenig auch ihr, aber mehr mir. Er würde stark, klug und gebildet sein. Er würde talentvoll und glücklich sein.

Vor meinem geistigen Auge sah ich einen Säugling, meinen Sohn, der sich an ihre Brust schmiegte und legte unwillkürlich meine Hand auf Anastasias feste und warme Brust. Sofort durchlief ein Zittern meinen Körper, aber nur für eine Weile, das war kein Angstzittern, sondern ein anderes, sehr angenehmes Zittern. Ich ließ meine Hand auf ihr liegen und wartete mit angehaltenem Atem, wie es weiter ging. Da spürte ich, daß sie ihre weiche Hand auf meine Hand gelegt hatte. Sie wies mich also nicht ab. Ich richtete mich auf und sah mir das schöne Gesicht von Anastasia an. Das nördliche Polarlicht machte es noch anmutiger. Ich konnte nicht meinen Blick von ihr abwenden. Ihre graublauen Augen sahen mich zärtlich an. Ich konnte mich nicht mehr zurückhalten, beugte mich zu ihr und küßte schnell und behutsam ihren halbgeöffneten Mund. Wieder durchlief mich ein angenehmes Zittern. Der Duft ihres Atems umhüllte mein Gesicht. Sie sprach nicht wie beim vorigen Mal „Beruhige dich, es geht nicht", und ich empfand keine Angst. Der Gedanke an einen Sohn ließ mich nicht los. Und als Anastasia mich zärtlich umarmte, meine Haare streichelte und sich hingebungsvoll an mich lehnte, fühlte ich solche Seligkeit, die schwer zu beschreiben ist.

Erst als ich am Morgen erwachte, begriff ich, daß ich noch nie in meinem Leben so ein großes Gefühl der Seligkeit, der Bewunderung und der Befriedigung erfahren hatte. Es war auch merkwürdig, daß ich nach einer Nacht mit einer Frau keine Müdigkeit empfand wie sonst. Hier war alles anders. Ich fühlte mich, als hätte ich etwas Großartiges geschaffen. Meine Befriedigung war auch nicht nur physischer Art, sondern es war mir zumute, als wäre etwas Unfaßbares, vorher Unbekanntes, Wunderschönes und Freudiges geschehen. Sogar der Gedanke kam mir: wegen dieser einzigartigen Empfindung lohnt es sich zu leben. Warum habe ich früher nichts Derartiges, auch nichts Ähnliches empfunden, obwohl ich Verhältnisse mit vielen Frauen hatte, darunter mit schönen Frauen, die ich geliebt habe und die in der Liebe erfahren waren.

Anastasia war eine Jungfrau, empfindsam und zärtlich. Doch sie hatte noch etwas, was nur ihr eigen war und was mir in keiner Frau begegnet war.

Wo war sie? Ich rückte zur Öffnung und, aus der gemütlichen Erdhöhle hinausstreckend, schaute ich mir die Lichtung an, die sich unterhalb unseres auf einem Hügel liegenden schönen Nachtlagers befand. Sie war mit einer dicken Nebelschicht umhüllt. Im Nebel tanzte Anastasia, die Arme ausgestreckt. Sie hob eine Nebelwolke um sich, und wenn diese sie völlig umhüllte, machte Anastasia einen leichten Sprung und schwebte wie eine Ballerina mit auseinandergespreizten Beinen über der Nebelschicht, dann ließ sie sich auf eine neue Stelle nieder und drehte lachend eine neue Nebelwolke um sich, durch die kosende Strahlen der aufgehenden Sonne drangen und sie erwärmten. Dieses Bild bezauberte und beeindruckte mich. Voller Freude rief ich:

- Anastasia! Guten Morgen, schöne Waldzauberin Anastasia!

- Guten Morgen! - rief sie lustig zurück.

- Es ist so schön jetzt. Wie kommt das? - rief ich mit

aller Kraft.

Anastasia streckte die Hände der Sonne entgegen, lachte ihr glückliches, lockendes Lachen und rief mit singendem Tonfall, die Silben auseinanderziehend, mir und noch jemand in der Höhe die Antwort zu:

- Von allen Lebewesen im Weltall ist es nur den Menschen beschieden, so etwas zu erleben!

- Nur einem Mann und einer Frau, die wünschen, ein Kind miteinander zu haben!

- Nur dem Menschen, der nach dem Schöpferischen strebt!

- Nur ein Mensch, der das erlebt hat, zündet einen neuen Stern an!

- Ich danke dir! Und sich zu mir wendend, ergänzte sie schnell:

- Nur der Mensch, der nach dem Schöpfertum strebt, und nicht nach der Befriedigung seiner sexuellen Bedürfnisse.

Sie lachte wieder, sprang und die Beine in der Luft spreizend, schwebte über dem Nebel. Dann kam sie, setzte sich neben mich und begann mit den Fingern ihre goldenen Haare von unten nach oben zu kämmen.

- Also, hältst du den Sex nicht für eine Sünde? - fragte ich. Anastasia hielt inne, sah mich erstaunt an und antwortete:

- War das etwa Sex, etwas, was man bei euch unter diesem Wort versteht? Wenn nicht, was ist dann eine größere Sünde: sich hinzugeben, damit ein neuer Mensch zur Welt kommt, oder sich zurückzuhalten und die Geburt dieses Menschen, eines richtigen Menschen zu verhindern?

Ich überlegte. In der Tat kann man das nächtliche Erlebnis mit Anastasia keineswegs mit dem üblichen Wort „Sex" bezeichnen. Was war denn das? Welches Wort paßt hier? Ich fragte wieder:

- Warum ist dies mir und auch vielen anderen nicht früher passiert?

- Siehst du, Wladimir, die dunklen Kräfte bemühen sich, die niedrigen Bedürfnisse des Fleisches in den Menschen zu entwickeln, damit sie diese Gottesgnade nicht erleben können. Mit allen möglichen Mitteln überzeugen sie die Menschen, daß man Befriedigung ohne Mühe bekommen kann, wenn man daran denkt. Auf diese Weise führen sie die Menschen weit weg von der Wahrheit. Die armen, betrogenen Frauen wissen davon nichts und leiden ihr ganzes Leben auf der Suche nach der verlorenen Gnade. Keine Frau ist imstande, einen Mann fern von der Unzucht zu halten, wenn sie sich selbst ihm nur wegen der Befriedigung ihrer Geschlechtsbedürfnisse hingibt. Geschieht das, wird ihr gemeinsames Leben nie glücklich sein. Ihr gemeinsames Leben ist nur eine Illusion der Gemeinsamkeit, eine Lüge, ein in der Gesellschaft üblicher Betrug, denn die Frau selbst wird unzüchtig, unabhängig davon, ob sie mit diesem Mann verheiratet ist oder nicht.

Oh, wieviel Gesetze und Formalitäten, sowohl religiöse als auch weltliche, hat die Menschheit erfunden, um diese falsche Ehe künstlich zu festigen. Alles war vergeblich. Sie zwangen nur die Menschen sich anzupassen und zu verstellen, um den Schein einer Ehe zu wahren. Die inneren Neigungen blieben unverändert und unabhängig von Umständen und Menschen.

Jesus Christus sah das, und versuchte ihnen zu widerstehen. Er sagte: „Wer eine Frau auch nur lüstern ansieht, hat in Gedanken schon Ehebruch mit ihr begangen".(Mt 5,28)

Noch vor kurzem wurde versucht, die Menschen anzuprangern, die Familie verließen. Aber nichts und nirgendwo konnte man den Wunsch des Menschen vernichten, die intuitiv empfundene Gnade der großen Befriedigung beharrlich zu suchen. Die falsche Ehe ist abscheulich.

Vor allem gilt das für die Kinder. Weißt du, Wladimir, die Kinder empfinden das Falsche, das Unwahre einer Ehe. Und als Folge davon bezweifeln sie alle Worte der Eltern. Die Kinder empfinden unbewußt die Lüge, bereits bei ihrer Empfängnis. Darum geht es ihnen schlecht.

Sag, wer möchte als Folge eines geschlechtlichen Vergnügens geboren werden? Jeder möchte unter dem Drang der Liebe und des Schöpferischen erschaffen werden.

Diejenigen, die eine falsche Ehe geschlossen haben, werden immer geheim voreinander eine wahre Befriedigung suchen. Sie werden versuchen, immer neue Körper zu besitzen, und dabei nur geistlos und hoffnungslos ihre Körper verbrauchen, im Innersten ahnend, daß die wahre Seligkeit einer wahren Ehe sich von ihnen immer weiter entfernt.

- Was sagst du, Anastasia? Sind die Männer und

Frauen für immer dazu verurteilt, wenn sie zum ersten Mal nur ein rein sexuelles Verhältnis haben? Gibt es für sie keine Rettung, keine Möglichkeit, alles wieder gutzumachen?

- Doch, das gibt es. Jetzt weiß ich, was zu tun ist. Aber wie, mit welchen Worten kann man das zum Ausdruck bringen? Ich suche schon lange nach diesen Worten. Ich habe sie in der Vergangenheit und in der Zukunft gesucht, aber bisher nicht gefunden. Vielleicht sind sie schon irgendwo ganz in der Nähe und erscheinen bald, diese neuen Worte, die helfen, das Herz und den Verstand anzusprechen, die neuen Worte über die alte Weisheit der Urquellen.

- Beruhige dich, Anastasia, sag es mit den Worten die es gibt, sag es ungefähr. Braucht man für eine wahre Befriedigung etwas anderes als zwei Körper?

- Das Bewußtsein! Das beiderseitige Streben nach dem Schöpferischen. Auch die Aufrichtigkeit und die reine Absicht.

- Woher weißt du das, Anastasia?

- Es ist nicht nur mir bekannt. Die erleuchteten Weles, Krischna, Rama, Schiwa, Christus, Allah und Buddha versuchten den Menschen das Wesentliche beizubringen.

- Hast du etwas von ihnen gelesen? Wo und wann?

- Ich habe nichts gelesen, ich weiß einfach, wovon sie gesprochen und gedacht haben.

- Also, nur der Sex ist deiner Meinung nach schlecht?

- Sehr schlecht. Er führt die Menschen von der Wahrheit weg und zerstört die Familie. Eine riesige

Energiemenge wird umsonst verbraucht.

- Warum erscheinen denn so viele Zeitschriften mit Bildern nackter Frauen in erotischen Haltungen, so viele erotische Filme mit Sexszenen? Denn das ist gefragt. Und die Nachfrage bedingt das Angebot. Willst du etwa sagen, daß unsere Menschheit hoffnungslos schlecht ist?

- Die Menschheit ist nicht schlecht, doch die Einwirkung der dunklen Kräfte, die den Geist des Menschen verwirren und seine niedrigen Geschlechtstriebe hervorrufen, ist sehr stark. Sie verursacht viel Böses und Leiden. Diese Wirkung erfolgt durch die Frauen, durch ihre Schönheit, die eigentlich dazu bestimmt ist, den Sinn für Poesie, Kunst und Schöpferisches im Mann zu erwecken und zu pflegen. Dazu soll die Frau selbst rein sein. Wo die Reinheit fehlt, versucht man den Mann mit körperlichen Reizen zu verführen, sozusagen mit der scheinbaren Schönheit eines leeren Gefäßes. So wird der Mann betrogen, und wegen dieses Betrugs wird auch die Frau lebenslang leiden müssen.

- Wieso? Die Menschheit war nicht imstande in den Jahrtausenden ihres Bestehens die dunklen Kräfte zu bekämpfen, trotz der Lehren der geistlichen, erleuchteten Persönlichkeiten, wie du sie nennst. Kann es sein, daß diese Kräfte nicht zu bekämpfen sind? Vielleicht ist es nicht nötig?

- Nein, es ist möglich und nötig. Ganz bestimmt.

- Wer kann das tun?

- Die Frauen, die die Wahrheit und ihre Bestimmung

erkannt haben. Durch sie ändern sich auch die Männer.

- Das ist kaum möglich, Anastasia. Einen normalen Mann werden immer schöne Beine und Brüste der Frauen sexuell erregen. Besonders, wenn man auf Dienstreise oder im Urlaub ist, also weit weg von der Freundin. Es ist eben üblich. Daran kann niemand etwas ändern. Niemand schafft es.

- Ich habe es doch bei dir geschafft.

- Was hast du geschafft?

- Jetzt kannst du dich nicht mehr mit diesem schrecklichen, schädlichen Sex beschäftigen.

Ein furchtbarer Gedanke ließ mich zusammenzukken, als wäre ich von einem Stromschlag getroffen worden, und das schöne, in der Nacht entstandene Gefühl verflüchtigte sich.

- Was hast du getan? Was? Bin ich ... bin ich jetzt ... bin ich jetzt impotent?

- Im Gegenteil, erst jetzt bist du ein richtiger Mann geworden. Nur wird dich der reine Sex jetzt abstoßen. Er gibt dir nicht, was du hier bei mir erlebt hast. Das ist nur dann möglich, wenn du ein Kind von einer Frau haben willst und wenn auch sie denselben Wunsch hat, das heißt wenn sie dich liebt.

- Wenn sie liebt! Unter dieser Bedingung kann es dann nur ein paar Male im ganzen Leben passieren.

- Es ist aber genug, um ein ganzes Leben lang glücklich zu sein, glaub mir. Du wirst es einmal erkennen. Anastasia streckte ihre Hand in meine Richtung aus und rückte näher. Doch ich sprang auf, lief von ihr weg in die Ecke und rief:

- Laß mich, laß mich sofort raus, sonst passiert etwas! Sie stand auf. Ich kletterte aus der Erdhöhle und hielt mich einige Schritte von ihr entfernt.

- Du hast mir wohl das größte Vergnügen des Lebens weggenommen. Alle streben danach. Alle denken daran, auch wenn davon nicht gesprochen wird.

- Dieses Vergnügen ist nur eine Illusion. Ich habe dir geholfen, dich von der schrecklichen, sündigen Neigung zu befreien.

- Meinetwegen, eine Illusion. Es ist sowieso allgemein übliches Vergnügen. Ich bitte dich, erlöse mich nicht von meinen anderen, deiner Meinung nach sündigen Neigungen. Sonst kann ich nicht mehr Verhältnisse mit Frauen haben, Alkohol trinken und rauchen, wenn ich nach Hause zurückkehre. Es ist nicht üblich in unserem normalen Leben.

- Was ist Gutes am Alkoholtrinken, am Rauchen, an einem sinnlosen und nicht gesunden Verzehr großer Mengen von Fleisch, während so viele schöne Pflanzen speziell für die Ernährung der Menschen vorhanden sind?

- Iß deine Pflanzen, wenn es dir recht ist. Und was ich esse, ist meine Sache, laß mich bitte damit in Ruhe. Vielen von uns macht es Spaß, zu rauchen, zu trinken und am Tisch mit vielen guten Speisen zu sitzen. Es ist üblich bei uns. Verstehst du? Es ist üblich!

- Aber alles, wovon du redest, ist schlimm und schädlich.

- Schlimm und schädlich? Nun, stell dir vor, ich

habe Besuch anläßlich eines Feiertages, ich bitte die Gäste zu Tisch und sage: „Knackt ein paar Nüßchen, eßt ein Äpfelchen, trinkt ein bißchen Wasser und raucht bitte nicht". Das wird wirklich schlimm sein.
- Ist es etwa euer Hauptziel, wenn Freunde zusammenkommen, sich gleich an den Tisch zu setzen, zu trinken, zu essen und zu rauchen?

-Das ist ein allgemeiner Brauch, es ist so üblich in der ganzen Welt. In einigen Ländern gibt es auch traditionelle Speisen, zum Beispiel gebratene Pute oder so etwas.

- Nicht für alle Menschen in eurer Welt ist es üblich.
- Mag sein. Aber ich habe mit normalen Menschen zu tun.
- Warum hältst du deine Umgebung für normal?
- Weil solche Menschen die Mehrheit sind.
- Das ist kein überzeugendes Argument.
- Es ist für dich nicht überzeugend, denn es ist unmöglich, dir etwas zu erklären.

Mein Zorn wich nach und nach. Ich dachte: es gibt ja Heilmittel und Spezialisten für Sexpathologie. Wenn sie mir einen Schaden zugefügt hat, können die Ärzte bestimmt die Situation verbessern. Und ich sagte:

- Schon gut, Anastasia, wollen wir uns vertragen, ich bin dir nicht mehr böse. Vielen Dank für die schöne Nacht! Doch ich bitte dich, versuch nicht mehr, mich von meinen Gewohnheiten zu befreien. Und die Sache mit dem Sex werde ich mit Hilfe der modernen Medizin wieder gutmachen. Gehen wir baden.

Unterwegs zum See bewunderte ich den Wald.

Es war ein schöner Morgen. Ich begann mich schon wieder fröhlich zu fühlen, da überraschte mich Anastasia, die hinter mir ging, mit den Worten:

- Keine Medizin wird dir helfen. Um alles rückgängig zu machen, müßte man alles, was hier geschehen ist und was du gefühlt hast, in deinem Gedächtnis löschen.

- Dann mach es.

- Ich kann nicht.

Eine heftige Wut und Angst erfaßten mich wieder.

- Du ... du bist frech. Ja, du mischst dich frech in mein Leben ein und ruinierst es. Was böse Dinge angeht, bist du sofort bereit, sie zu tun. Aber es wieder gutzumachen kannst du nicht.

- Ich habe keine bösen Dinge getan. Du wolltest ja einen Sohn. Viele Jahre sind vergangen und du hast keinen Sohn. Keine Frau in deiner Welt hätte dir einen Sohn geboren. Ich möchte auch ein Kind von dir, einen Sohn. Und ich kann es tun. Warum machst du dir vorzeitig so viele Sorgen? Vielleicht verstehst du das später ... Bitte, Wladimir, hab keine Angst vor mir, ich mische mich gar nicht in deine Psyche ein. Das ist von selbst geschehen. Du hast erhalten, was du dir gewünscht hast. Aber wenigstens von einer Todsünde möchte ich dich befreien.

- Von welcher?

- Vom Stolz.

- Du bist so merkwürdig. Deine Philosophie und deine Lebensweise sind nicht diejenigen eines Menschen.

- Was habe ich, was einem Menschen nicht eigen

wäre? Was ist dir nicht recht?

- Du lebst allein im Wald, verkehrst mit Pflanzen und Tieren. Ich kenne unter uns keinen, der so etwas auch täte.

- Warum, - fragt Anastasia, die Kleingärtner haben doch auch Kontakt zu den Pflanzen und Tieren? Das geschieht aber noch unbewußt. Später werden sie es verstehen. Manche verstehen jetzt schon, was es damit auf sich hat.

- Was du nicht sagst, du Gartenfreundin! Und dein Strahl und deine Kenntnisse? Du liest keine Bücher und weißt so viel. Das ist ja Mystik!

- Ich kann dir alles erklären. Aber nicht auf einmal. Ich gebe mir Mühe. Doch ich kann keine passenden Worte finden, die verständlich wären. Glaub mir bitte. Was ich tue, konnte damals jeder von vornherein, schon in den Urquellen. Die Menschen kehren sowieso zu den Urquellen zurück. Das wird allmählich geschehen, wenn die lichten Kräfte vorherrschen werden.

- Und dein Konzert? Du hast mit den Stimmen aller meiner Lieblingssänger gesungen und sie nachgeahmt, dazu noch in der Reihenfolge, wie sie auf meiner Videokassette aufgezeichnet sind.

- Siehst du, Wladimir, einmal habe ich diese Kassette gesehen. Ich erzähle dir später, wie das geschehen ist.

- Und du hast sofort die Worte und die Melodien der Lieder behalten?

- Ja, ich habe sie behalten. Da ist nichts Besonderes oder Mystisches. Oh, wozu habe ich dir so viel erzählt und gezeigt? Du hast jetzt Angst vor mir. Ich bin när-

risch und schwatzhaft. Der Großvater hat mich einmal dafür getadelt. Weil er mich liebt, dachte ich. Jetzt weiß ich, daß ich wirklich närrisch bin. Bitte, Wladimir, glaub mir...

Anastasia sprach aufgeregt wie ein gewöhnlicher Mensch, so daß ich keine Angst mehr vor ihr hatte. Der Gedanke an meinen Sohn ließ mich nicht los.

- Ich fürchte mich nicht mehr ... Aber rede nicht so viel. Auch der Großvater hat es dir geraten.

- Ja, und mit Recht, und ich rede und rede ohne Ende. So groß ist mein Wunsch, von allem zu erzählen. Meinst du, daß ich eine Schwätzerin bin? Ich werde mich bemühen, nicht so viel zu reden und nur über verständliche Dinge zu reden.

- Also, willst du das Kind gebären, Anastasia?
- Aber sicher! Es wird nicht die richtige Zeit sein.
- Warum?
- Man muß das im Sommer tun, dann hilft die Natur das Kind zu pflegen.
- Warum wolltest du das tun, wenn es so riskant für dich und das Kind ist.
- Keine Sorge, die Hauptsache ist, daß der Sohn lebt.
- Und du? - Ich lebe auch bis zum Frühling, und dann wird es gut gehen.

Sie sagte es ganz ruhig, keine Spur von Traurigkeit oder Besorgnis um ihr Leben war in ihren Worten zu spüren.

Anastasia lief und stürzte sich ins Wasser des kleinen Sees. Ein Feuerwerk aus in der Sonne glänzenden Wasserspritzern flog in die Höhe und ließ sich dann auf

dem glatten Wasserspiegel nieder. Nach etwa dreißig Sekunden tauchte sie wieder auf. Sie lag auf dem Wasser, die Arme ausgestreckt, die Handflächen nach oben, und lächelte. Ich stand am Ufer, sah sie an und dachte: Wird ein Eichhörnchen ihr Fingerschnippen hören, wenn sie mit dem Säugling in einer Höhle liegen wird? Hilft ihr jemand von ihren vierbeinigen Freunden? Ob die Wärme ihres Körpers für das Kind ausreichen wird?

- Wenn mein Körper nicht warm genug sein wird und wenn das Kind Hunger hat, wird es weinen. - sagte Anastasia leise, ans Ufer kommend. - Seine unzufriedene Stimme kann die Vorfrühlingsnatur oder einen Teil davon erwecken, und dann wird es gut gehen. Die Natur wird es pflegen.

- Hast du meine Gedanken gelesen? - Nein, ich habe nur angenommen, daß du darüber nachdenkst. Es ist natürlich.

- Anastasia, du hast gesagt, daß irgendwo in der Nähe deine Angehörigen leben. Könnten sie dir helfen?

- Nein, sie sind sehr beschäftigt. Man darf sie nicht bei der Arbeit stören.

- Womit sind sie beschäftigt, Anastasia? Was hast du die ganze Zeit zu tun, wo dich die Natur völlig bedient.

- Ich habe zu tun. Ich versuche euren Menschen zu helfen, die ihr Kleingärtner nennt.

Kleingärtner, mit denen sie sympathisiert

Sie erzählte mir viel und begeistert davon, welche Möglichkeiten sich für die Menschen bieten, die mit den Pflanzen zu tun haben. Mit besonderer Aufregung, Begeisterung und nahezu Verliebtheit sprach sie zu zwei Themen: Kindererziehung und Gartenfreunde. Nach ihren Erzählungen über die Kleingärtner, die sie sehr hoch schätzt, hatte ich das Gefühl, daß wir alle vor ihnen auf die Knie niederfallen müssen. Sie meinte, daß sie uns vor Hunger retten, das Gute in unsere Seelen säen und die Zukunftsgesellschaft erziehen. Es sei unmöglich, alles aufzuzählen. Das würde ein ganzes Buch bilden. Anastasia führte Beweise und Argumente an.

- Siehst du, die Gesellschaft, in der du heute lebst, kann vieles durch den Umgang mit Pflanzen verstehen, die Menschen in ihren Gärten züchten, vor allem hier, wo man jede Pflanze kennt, und nicht auf den unpersönlichen riesigen Feldern, über die ungeheure, tote Fahrzeuge kriechen. In ihren Gärten arbeitend, fühlen sich die Menschen besser. Diese Arbeit verlängert ihr Leben. Sie werden herzlicher. Die Gartenfreunde sind es, die uns zur Einsicht bringen, daß die technokratische Entwicklung für die Gesellschaft schädlich ist.

- Anastasia, es liegt mir jetzt nicht daran, ob es so oder anders ist. Was hast du damit zu tun? Worin besteht deine Hilfe?

Sie nahm mich an die Hand, ließ sich mit mir aufs Gras fallen. Wir lagen auf dem Rücken, mit den Handflächen nach oben.

- Mach die Augen zu, entspanne dich und versuch dir vorzustellen, was ich dir sagen werde. Jetzt werde ich mit meinem Strahl jemand von denjenigen finden und aus der Entfernung sehen, die ihr Kleingärtner nennt.

Einige Zeit schwieg sie, dann sprach sie:

- Eine ältere Frau nimmt ein Mulltuch auseinander, in dem angefeuchtete Gurkensamen liegen. Die Samen sind schon gekeimt, man sieht kleine Sprossen. Sie nimmt einen Samen in die Hand. Nun habe ich ihr vorgesagt, daß ihr Verfahren, Samen anzufeuchten, falsch ist. Die Sprossen würden bei dem Pflanzen falsch wachsen. Dieses Wasser eignet sich nicht für das Wachstum, die Samen werden krank. Die Frau denkt, daß sie selbst zu diesem Schluß gekommen ist. Teilweise ist es so. Ich habe ihr nur einen Impuls gegeben. Jetzt wird sie den anderen Menschen davon erzählen und Gedanken darüber austauschen. Das ist nur ein kleines Beispiel meiner Hilfe.

Anastasia erzählte, daß sie in ihrer Vorstellung verschiedene Situationen simuliert, die mit der Arbeit, Erholung und Wechselbeziehungen der Menschen untereinander und zu den Pflanzen zusammenhängen. Wenn eine von ihr simulierte Situation maximal der Wirklichkeit angenähert ist, wird ein Kontakt hergestellt, bei dem sie einen jeweiligen Menschen sehen und seinen seelischen und körperlichen Zustand mit empfinden kann. Sie wird gleichsam ein Teil seines Bewußtseins und teilt ihm ihre Kenntnisse mit. Anastasia sagte, daß die Pflanzen auch auf den Menschen reagieren, sie können ihn lieben oder hassen, seine Gesundheit positiv oder negativ beeinflussen.

- Hier habe ich viel zu tun. Ich beschäftige mich mit Gartengrundstücken. Die Kleingärtner besuchen ihre Grundstücke und behandeln die Pflanzen wie ihre Kinder, leider sind ihre Beziehungen zu den Pflanzen völlig intuitiv. Die wahre Bedeutung dieser Beziehungen ist ihnen nicht bewußt. Alles auf der Erde, jeder Grashalm, jede Mücke sind für den Menschen geschaffen. Alles hat seine Funktion und dient dem Menschen. Viele Heilkräuter bestätigen das. Der Mensch eurer Welt weiß davon zu wenig und kann deswegen diese Möglichkeit nicht in vollem Umfang benutzen.

Ich bat Anastasia, an einem konkreten Beispiel den Nutzen der bewußten Beziehungen zu den Pflanzen zu zeigen, damit das praktisch geprüft, beobachtet und wissenschaftlich untersucht werden kann. Anastasia überlegte eine Weile, dann strahlte sie und rief: „Kleingärtner, ja, meine lieben Kleingärtner werden euch alles beweisen, zeigen und eure Wissenschaftler schokkieren. Warum ist mir das nicht früher eingefallen?".

Dieser Einfall rief bei ihr stürmische Freude hervor. Übrigens habe ich kein einziges Mal gesehen, daß Anastasia betrübt war. Sie war oft ernst, nachdenklich, konzentriert, doch am häufigsten in fröhlicher Stimmung. Diesmal freute sie sich sehr laut. Sie sprang auf, klatschte in die Hände, und mir schien, daß es im Walde heller wurde. Er kam in Bewegung, als spräche er mit ihr durch das Rauschen der Bäume und die Stimmen der Vögel. Anastasia drehte sich wie im Tanz. Mit strahlendem Gesicht setzte sie sich dann neben mich und sagte: „Jetzt glaubt ihr mir. Und das dank meiner lieben Kleingärtner. Sie werden es euch erklären und beweisen". Ich wollte das unterbrochene Gespräch fortsetzen und bemerkte:

- Nicht unbedingt. Du behauptest, jede Mücke sei zum Wohl des Menschen geschaffen, aber wie kann man glauben, wenn man mit Ekel zusieht, wie Schaben über den Küchentisch kriechen? Sind sie etwa auch zum Wohl des Menschen geschaffen?

- Die Schaben, - antwortete Anastasia, - kriechen nur über einen schmutzigen Tisch, um unsichtbare Essensreste zu sammeln, diese zu verarbeiten und dann den schon unschädlichen Abfall an eine versteckte Stelle zu legen. Wenn es zu viele gibt, kann man einen Frosch ins Haus setzen, dann gibt es weniger Schaben.

Die im weiteren von ihr vorgeschlagenen Verfahren für die Kleingärtner widersprechen der Pflanzenkunde und ganz offensichtlich den allgemeinen Regeln über die Zucht verschiedener Kulturen in den Gärten. Ihre Behauptungen sind so überraschend, daß ich glaube, jeder sollte sie in seinem Garten, vielleicht nur auf einem Teil ausprobieren, da es sowieso nur Nutzen bringen und nicht schädlich sein würde. Übrigens ist vieles davon durch die Versuche des Doktors der Biologie N. M. Prochorow bestätigt worden.

Der heilende Samen

Anastasia behauptet:

„Jeder von Ihnen gesäte Samen enthält einen riesigen Umfang kosmischer Informationen, der unermeßlich viel größer ist als der eines von Menschenhand hergestellten Datenträgers. So weiß der Samen ganz genau, bis auf Millisekunden, wann er zum Leben erweckt werden und keimen soll, welche Säfte er aus dem Boden aufnehmen soll und wie er die Strahlung der kosmischen Körper - der Sonne, des Mondes und der Sterne - benutzen kann, zu welcher Pflanze er werden soll und welche Früchte sich dann ergeben. Die Früchte sind für die Ernährung des Menschen bestimmt. Diese Früchte können viel effektiver als alle vorhandenen und auch künftig von Menschen hergestellten Arzneien helfen, alle Erkrankungen des menschlichen Organismus zu bekämpfen. Aber der Samen soll von diesen wissen, um im Prozeß seines Reifwerdens die Früchte mit einer dazu erforderlichen Zusammensetzung der Stoffe zu versehen. Diese sollen geeignet sein, die Behandlung eines

Menschen und seine konkrete Krankheit, auch schon vor deren Ausbruch, erfolgreich durchzuführen.

Damit ein Gurken-, Tomaten- oder ein anderer Samen einer gezüchteten Pflanze diese Informationen hat, muß man folgendes vornehmen: vor dem Pflanzen muß man einen oder einige Samen, die vorher nicht angefeuchtet waren, mindestens neun Minuten im Mund

halten, dann zwischen die Handflächen legen und so etwa 30 Sekunden halten, auf einer zu bepflanzenden Stelle barfuß stehend. Dann öffnet man die Handflächen, hält sie vor den Mund, atmet die Luft darauf aus und läßt sie dann 30 Sekunden in der Sonne liegen. Erst dann setzt man sie in die Erde. Dabei wird nicht gegossen. Man darf frühestens drei Tage nach dem Pflanzen gießen. Das Pflanzen soll an einem für jede Gemüseart günstigen Tag erfolgen (die Menschen stellen diese Tage nach dem Mondkalender fest). Ein zu frühes Pflanzen ist nicht so schlimm wie ein zu spätes, wenn dabei nicht gegossen wird. Auch nicht alle Unkräuter sind zu jäten. Von verschiedenen Arten muß man mindestens je eine Pflanze wachsen lassen. Man kann sie nur abschneiden."

Nach Anastasia sammelt ein Same alle Informationen von einem Menschen und nimmt im Prozeß des Wachstums eine für diesen konkreten Menschen erforderliche Energie aus dem Kosmos und aus der Erde auf. Die Unkräuter seien nicht zu vernichten, weil sie auch eine Bestimmung haben. Einige schützen die Pflanzen vor Erkrankungen, die anderen vermitteln zusätzliche Informationen. Während des Wachstums der Pflanzen muß man mit ihnen verkehren, sie wenigstens einmal beim Vollmond berühren.

Anastasia behauptete: die auf diese Weise aus dem Samen entstandenen und vom Menschen verzehrten Früchte können ihn von allen Krankheiten heilen, sein Altern verlangsamen, ihn von schlechten Gewohnheiten befreien, seine geistigen Fähigkeiten bedeutend verbessern, ihm seelische Ruhe geben. Die Früchte wirken besonders effektiv, wenn man sie spätestens drei Tage nach der Ernte verzehrt. So muß man mit allen gepflanzten Gemüsekulturen verfahren. Man braucht nicht ein ganzes Beet mit Gurken, Tomaten usw. nach diesem Verfahren zu bepflanzen, ein paar Setzlinge würden ausreichen.

Die nach diesem Verfahren gezüchteten Früchte zeichnen sich von den üblichen nicht nur durch den Geschmack aus. Die Analyse ihrer Zusammensetzung würde ergeben, daß auch das Verhältnis von Stoffen bei ihnen anders ist.

Bei dem Pflanzen von Setzlingen muß man die Erde in einem geschaufelten Loch mit eigenen Händen und bloßen Füßen andrücken und ins Loch spucken. Auf meine Frage erklärte Anastasia, daß beim Schwitzen der Füße Stoffe ausgeschieden werden (wohl Toxine), die Informationen von Erkrankungen des Organismus enthalten. Also, diese Informationen erhalten die Setzlinge und geben sie an die Früchte weiter, die dann diese Erkrankungen bekämpfen können. Anastasia riet, ab und zu auf dem Grundstück barfuß zu gehen.

Welche Kulturen empfiehlt es sich zu züchten?

Anastasia antwortete:

- Die Vielfalt, die für die meisten Gärten typisch ist, würde ausreichen: Himbeeren, Johannisbeeren, Stachelbeeren, Gurken, Tomaten, Erdbeeren, ein Apfelbaum. Es ist auch gut, wenn es Kirschen- oder Süßkirschenbäume und Blumen gibt. Der Umfang dieser Kulturen und die mit ihnen bepflanzte Fläche spielen keine große Rolle.

Zu den Kulturen, ohne die ein wertvolles energetisches Mikroklima auf dem Grundstück unvorstellbar ist, gehören: Sonnenblumen (mindestens eine Pflanze), Kornkulturen - Roggen, Weizen - auf einer Fläche von 1,5-2 qm und ein Stück Erde von mindestens 2 qm für alle möglichen Pflanzen. Dieses soll nicht bepflanzt werden, alles hier soll natürlich wachsen. Wenn man so ein natürlich bewachsenes Stück Erde in seinem Garten nicht hat, muß man etwas Boden aus dem Wald holen und damit diese Insel schaffen.

Ich fragte Anastasia, ob man diese Kulturen unmittelbar in seinem Garten pflanzen soll, wenn sie schon bei den Nachbarn wachsen und verschiedene natürlich wachsende Pflanzen hinter dem Zaun vorhanden sind. Darauf bekam ich folgende Antwort:

- Nicht nur die Vielfalt von Pflanzen ist von Bedeutung, sondern auch das Verfahren ihrer Zucht und ein unmittelbarer Umgang mit ihnen, wodurch man sie mit Informationen über sich versehen kann. Ich habe dir schon von einem Verfahren erzählt. Das ist das Grundverfahren. Die Aufgabe besteht darin, einen Teil der umgebenden Natur mit Informationen über sich zu sättigen.

Nur in diesem Fall wird die heilende Wirkung und überhaupt die ganze Lebenssicherung effektiver sein als von den üblichen Früchten. In der wilden Natur, wie ihr sie zu nennen pflegt, obwohl sie nicht wild ist, sondern euch unbekannt, gibt es eine Menge von Pflanzen, mit denen man alle möglichen Erkrankungen heilen kann. Diese Pflanzen sind eben dafür geschaffen, doch der Mensch hat fast die Fähigkeit verloren, sie zu bestimmen.

Ich bemerkte, daß es bei uns viele Apotheken gibt, die Heilkräuter führen, Ärzte und einfache Heiler, die mit Kräutern heilen, aber ...

- Der Organismus ist dein Arzt. Ursprünglich war es ihm eigen, zu wissen, welches Kraut und wann er es benutzen soll. Das geschah im Unterbewußtsein. Nichts anderes kann ihn ersetzen, denn er ist dein persönlicher Arzt, dir persönlich von Gott gegeben. Ich erzähle dir, wie man ihn wieder bekommen kann. Die hergestellten Beziehungen mit den Pflanzen deines Gartens werden dich heilen und für dich sorgen. Sie werden selbst die genaue Diagnose feststellen und eine spezielle, besonders wirksame und nur für dich geeignete Arznei zubereiten.

Wen stechen die Bienen?

- In jedem Garten sollte man einen Bienenstock haben.

Ich sagte ihr, daß nur wenige von uns mit den Bienen umgehen können. Auch bei denjenigen die das als Beruf gelernt haben, geht die Sache nicht immer leicht

von der Hand.

Darauf antwortete sie: vieles davon, was ihr für die Bienen macht, ist falsch. Nur zwei Menschen von allen, die auf der Erde in den letzten Jahrtausenden gelebt haben, konnten einigermaßen erkennen, wie es bei diesem einzigartigen Phänomen funktioniert.

- Wer sind sie?
- Zwei Mönche, die dann heiliggesprochen wurden. Du kannst von ihnen in euren Büchern lesen, die in Klöstern aufbewahrt werden.
- Nun, gut, wie soll man die Bienen in einem Garten halten?
- Man muß einen Bienenstock für sie machen, wie sie ihn unter natürlichen Verhältnissen haben. Sonst nichts. Dann muß man ihnen nur einen Teil von Honig, Wachs und anderen von ihnen erzeugten Stoffen wegnehmen.
- Sie werden doch die Menschen stechen. Wie kann man den Urlaub auf der Datsche verbringen, wenn man ständig Angst haben muß, von Bienen gestochen zu werden?
- Die Bienen stechen, wenn sich ein Mensch ihnen gegenüber selbst aggressiv verhält oder überhaupt mit einer inneren Aggression geladen ist, nicht unbedingt den Bienen gegenüber. Sie spüren das, richtiger, sie ertragen keine Strahlungen böser Gefühle. Die Bienen können außerdem jene Körperteile stechen, wo sich Nervenenden eines kranken inneren Organs befinden sowie an den Stellen, wo die Schutzhülle durchbrochen ist und es sonstige Störungen gibt. Es ist euch bekannt, wie effektiv die Bienen eine Erkrankung heilen, die ihr

Radikulitis nennt, aber das ist bei weitem nicht alles, was sie bewirken können. Wenn ich alles ausführlich erzählen und belegen würde, wie du es willst, müßtest du bei mir nicht drei Tage, sondern einige Wochen bleiben. Euch ist schon vieles von den Bienen bekannt, ich habe nur zur Verbesserung dieser Kenntnisse beigetragen. Glaub mir, meine Hinweise sind sehr wichtig. Es ist kein Problem, einen Bienenschwarm in einen Bienenstock zu bringen. Bevor man das macht, muß man ein Stück Wachs und ein honighaltiges Kraut hineinlegen. Man braucht keine Rahmen und keine Waben zu machen. Später, wenn es Bienen auch in anderen benachbarten Gärten geben wird, werden sie sich vermehren, neue Schwärme bilden und freie Zellen einnehmen.

- Und wie entnimmt man den Honig?
- Man muß den Unterdeckel öffnen, von den hängenden Waben etwas abbrechen und Honig und Nektar, die sie enthalten, nehmen. Aber nicht zu viel, ein Teil davon soll den Bienen für den Winter übrig bleiben.

Sei gegrüßt, Morgen!

Ihre Morgenübungen paßte Anastasia den Verhältnissen auf einer Datsche an.

- Morgens, am besten beim Sonnenaufgang, muß man barfuß in den Garten gehen und Pflanzen nach Wunsch berühren. Das geschieht nicht nach einer Vorschrift oder nach einem sich täglich wiederholenden Ritual, sondern nach einem Wunsch, den man momentan hat, aber unbedingt vor dem Waschen. Denn die Pflanzen nehmen den Geruch von Stoffen auf, die während des Schlafs durch die Hautporen des Organismus ausgeschieden werden. Wenn es warm ist und wenn es im Garten ein wild bewachsenes Stück Erde gibt (es empfiehlt sich, solches zu haben), muß man sich aufs Gras legen und sich 3-4 Minuten lang dehnen. Wenn ein Insekt über den Körper kriecht, läßt man es geschehen, denn viele Insekten öffnen und reinigen die verstopften Poren, durch die dann Toxine, Träger verschiedener Erkrankungen der inneren Organe, auf die Oberfläche der Haut ausgeschieden werden und sich entfernen lassen. Wenn es im Garten einen Wasserbehälter gibt, muß man darin tauchen. Wenn es keinen gibt, muß man sich mit Wasser begießen. Dabei steht man barfuß nicht weit von den Beeten, am besten zwischen den Beeten, und jedesmal anders: manchmal neben den Himbeeren, manchmal neben den Johannisbeeren usw. Nach einem Wasserbad trocknet man sich nicht gleich ab. Man schüttelt die Wassertropfen von den Handflächen und anderen Körperteilen auf die umgebenden Pflanzen. Erst danach setzt man die Morgenprozeduren fort und benutzt die üblichen Dinge dazu.

Abendprozeduren

Abends vor dem Schlafen muß man sich unbedingt die Füße waschen, indem man einige Tropfen von Melde oder Brennesselsaft ins Wasser tut. Man kann beides benutzen, aber ohne Seife oder Shampoo. Das Wasser, in dem die Füße gewaschen werden, gießt man auf die Beete. Erst dann kann man die Füße mit Seife waschen, wenn es nötig ist. Diese Abendprozedur ist aus zwei Gründen wichtig: durch das Schwitzen der Füße werden Toxine, die Träger innerer Erkrankungen, ausgeschieden, die abgewaschen werden sollen, um die Poren zu reinigen. Der Saft aus Melde und Brennessel trägt dazu bei. Indem man das Wasser nach dem Füßewaschen auf die Beete gießt, gibt man den Mikroorganismen und Pflanzen zusätzliche Informationen über seinen aktuellen Zustand. Das ist sehr wichtig. Nur durch diese Informationen kann die sichtbare und unsichtbare Umwelt alles für einen Menschen Nötige aus dem Kosmos und der Erde wählen und erzeugen, damit sein Organismus normal funktioniert.

Ich war auch gespannt, von ihr zu hören, was sie über die Ernährung denkt. Denn sie selbst ernährt sich sehr eigenartig.

- Anastasia, erzähle, wie sich ein Mensch ernähren soll. Was, wann, wie oft und wieviel soll er essen? Bei uns wird dieser Frage große Bedeutung beigemessen. Es gibt eine große Menge verschiedener Literatur zu diesem Thema, Rezepte für heilende Nahrung, Hinweise zum Abnehmen.

- Es ist schwer, sich die Lebensweise des Menschen unter Bedingungen der technokratischen Entwicklung anders vorzustellen. Diese Welt und ihre dunklen Kräfte sind fortwährend bestrebt, die ursprüngliche menschliche Natur durch ein ungefüges künstliches System zu ersetzen, das dieser widerspricht.

Ich bat Anastasia, konkret und verständlich, ohne philosophische Ausführungen zu sprechen, und sie fuhr fort:

- Siehst du, auf deine Frage, was, wann und wieviel gegessen werden soll, kann nur der Organismus eines konkreten Menschen am besten antworten und niemand sonst. Das Hunger- und Durstgefühl sind dem Menschen von der Natur dazu gegeben, um jedem einzelnen Menschen ein Signal zu geben, wann er essen soll. Dieser Moment ist nämlich der für ihn günstigste für die Einnahme des Essens. Die technokratische Welt ist aber nicht imstande, dem Menschen zu ermöglichen, daß man in diesem für den Organismus günstigsten Moment seinen Hunger und Durst stillt. So schuf der Mensch in seiner Hilflosigkeit bestimmte Regeln und Rahmen für sich, angeblich aus Gründen der Zweckmäßigkeit. Stell dir vor: jemand sitzt oder schläft, ohne seine Energie zu verbrauchen, der andere leistet eine körperliche Arbeit oder läuft, in Schweiß gebadet, und verbraucht viel mehr Energie, aber sie essen um die gleiche Zeit. Der Mensch soll in dem Moment essen, den ihm sein Organismus diktiert, es gibt keinen besseren Ratgeber. Ich weiß, unter euren Lebensverhältnissen ist das fast unerfüllbar, doch für die Menschen, die auf ihrer Datsche leben und einen Garten haben, ist es möglich. Man muß nur diese Möglichkeit nutzen, ohne künstliche Konventionen zu beachten. Dasselbe kann ich dir antworten auf deine Frage, was man essen soll. Das ist das Nächstliegende, was im Moment sozusagen bei der Hand ist. Der Organismus wählt selbst das Richtige. So kann ich einen untraditionellen Rat geben: wenn man Haustiere auf der Datsche hat eine Katze oder ein Hund, muß man sie beobachten. Von Zeit zu Zeit wählen sie unter vielen Pflanzen einen Grashalm und fressen ihn. Man müßte einige solcher Grashalme pflücken und seinem Essen zugeben. Nicht unbedingt täglich, einmal oder zweimal in der Woche würde ausreichen. Man müßte auch selbst etwas Getreide ernten, dreschen, mahlen, Mehl zubereiten und ein Brot backen. Das ist äußerst wichtig. Ein Mensch, der solches Brot nur einmal oder zweimal im Jahr gegessen hat, bekommt große Energievorräte, die seine inneren Kräfte aktivieren, seinen Zustand beeinflussen und seelische Ruhe geben. Dieses Brot kann man auch seinen Verwandten und Freunden geben. Es wird auch auf sie gut wirken. Es ist gesund, einmal im Sommer drei Tage lang nur das zu essen, was im Garten wächst. Man kann dies mit Brot, Öl und ein wenig Salz ergänzen.

Ich habe schon erzählt, wie sich Anastasia ernährt. Auch während ihrer Erzählung pflückte sie unwillkürlich einen Grashalm, dann noch einen anderen und kaute sie. Sie gab mir auch etwas davon, und

ich probierte. Die Grashalme hatten keinen besonderen Geschmack, sie waren nicht widerlich. Für die Ernährung und Lebenssicherung Anastasias ist gleichsam die Natur zuständig, dieser Prozeß stört ihren Gedankengang nicht, sie ist immer mit anderen Problemen beschäftigt. Dabei ist ihre Gesundheit ein notwendiger Bestandteil ihrer ungewöhnlichen Schönheit. Ihrer Meinung nach kann ein Mensch, der ähnliche Beziehungen zu den Pflanzen und zur Erde in seinem Garten hergestellt hat, von allen Krankheiten geheilt werden.

Eine Krankheit an sich ist eine Tatsache der Ignorierung von Naturvorgängen durch den Menschen, die für seine Gesundheit und das Leben zuständig sind. Eine Krankheit bekämpfen ist kein Problem für sie, denn gerade dazu existieren sie. Der Nutzen, den ein Mensch gewinnen kann, indem er einen Informationskontakt zu einem kleinen Stück Natur hergestellt hat, ist viel bedeutender als nur die Bekämpfung von Erkrankungen.

Der Schlaf unter seinem Stern

Ich habe schon erzählt, mit welcher Begeisterung Anastasia über die Pflanzen und die Menschen redet, die mit ihnen umgehen. Zuerst dachte ich, daß sie, die mitten in der Natur aufgewachsen ist, nur diese gut kennengelernt hat und gewisse Informationen vom Aufbau der Planeten besitzt. Sie fühlt sie gleichsam. Soll doch der Leser selbst darüber urteilen, was sie vom Schlaf unter dem Sternenhimmel erzählt.

Die Pflanzen, die Informationen von einem konkreten Menschen erhalten, tauschen diese mit dem Kosmos aus, sie fungieren dabei nur als Vermittler, die nur einige zielgerichtete Aufgaben in bezug auf den Körper des Menschen erfüllen, aber keinen Zusammenhang mit den komplizierten Vorgängen haben, die nur im menschlichen Gehirn stattfinden und dadurch den Menschen von aller Tier- und Pflanzenwelt des Planeten auszeichnen. Der mit dem Kosmos hergestellte Kontakt ermöglicht es dem Menschen, und nur dem Menschen, den kosmischen Intellekt zu benutzen und Informationen mit diesem auszutauschen. Das läßt sich mit Hilfe einer einfachen Handlung machen und eine wohltuende Wirkung empfinden. Nach Anastasia sieht es so aus:

- Eines Abends, wenn das Wetter gut ist, macht man sich ein Bett unter dem Sternenhimmel, neben Sträuchern von Himbeeren, Johannisbeeren oder Kornkulturen. Man muß allein sein.

Auf dem Rücken liegend, muß man die Augen offen halten und in Gedanken im Kosmos wandern. Aber keine Anspannung dabei. Die Gedanken sollen leicht und frei sein. Zuerst denkt man an sichtbare kosmische Körper, dann kann man träumen, an seine sehnlichsten Wünsche, seine Nächsten und all diejenigen denken, denen man Gutes wünscht. Keine Gedanken an Rache sollen in diesem Moment kommen, nichts Böses soll jemandem gewünscht werden, denn die Wirkung kann

für sie nicht gut sein. Diese einfache Prozedur wird einige Zellen in Ihrem Gehirn wieder beleben. Die Mehrheit davon funktioniert kein einziges Mal während des ganzen Lebens eines Menschen. Die kosmischen Kräfte helfen Ihnen unvorstellbare Träume zu verwirklichen, seelische Ruhe zu erreichen, gute Beziehungen mit ihren Angehörigen herzustellen, deren Liebe zu Ihnen hervorzurufen oder zu verstärken. Es empfiehlt sich, diese Prozedur einige Male zu wiederholen. Sie wird nur am Ort Ihres Kontaktes mit der Pflanzenwelt wirksam sein. Das können Sie schon am nächsten Morgen empfinden. Besonders wichtig ist es, diese Prozedur jedesmal am Vorabend Ihres Geburtstages zu machen. Es wäre umständlich zu erklären, wie es funktioniert, und ich will es nicht machen. Sowieso wirst du nicht alles glauben und verstehen. Viel produktiver kann man davon mit denen reden, die diese Wirkung an sich erfahren haben, denn die gewonnenen und geprüften Informationen werden zur besseren Wahrnehmung der folgenden Informationen beitragen.

Helfer und Erzieher des Kindes

Als ich Anastasia fragte, wie der Garten und die mit Menschen im Kontakt befindlichen Pflanzen, auch diejenigen, die auf eine besondere Weise gezüchtet werden, die Erziehung der Kinder fördern können, erwartete ich von ihr zu hören, daß es notwendig sei, den Kindern die Naturliebe beizubringen, oder etwas ähnliches. Aber ich irrte mich. Ihre Urteile beeindruckten mich durch ihre sehr einfache Begründung und durch ihren tiefen philosophischen Sinn.

Die Natur und der kosmische Verstand fügen es so, daß jeder Mensch als ein Herrscher, als ein König geboren wird. Er ist einem Engel gleich, ebenso rein und sündlos. Der noch geöffnete Scheitel des Kindes nimmt einen großen Fluß kosmischer Informationen auf: die Fähigkeiten jedes Neugeborenen ermöglichen ihm, das weiseste Wesen gleich Gott im Weltall zu werden. Es braucht kurze Zeit, um die Eltern mit Glück und Gottesgnade zu beschenken. Die Zeit, in der das Kind das Wesen des Weltalls erkennt, ist ein kurzer Abschnitt von nur neun Jahren. Alles, was es dazu braucht, ist schon vorhanden. Die Eltern sollten nicht das reale Wesen der Naturwelt verfälschen. Doch die technokratische Entwicklung hindert sie daran. Was sieht ein Kleinkind, dessen Bewußtsein zu erwachen beginnt: zuerst die Decke, eine Bettecke, Lappen, Wände, Attribute und Werte einer künstlichen, durch technokratische Entwicklung entstandenen Welt, und dann seine Mutter und ihre Brust. „Wahrscheinlich soll es so sein", denkt es. Seine lachenden Eltern bringen ihm klappernde und pfeifende Spielzeuge, als wären es große Werte. Wozu? Das Kind wird lange damit spielen und versuchen, ihren Wert durch sein Unterbewußtsein zu begreifen. Dann werden seine gütig lächelnden Eltern es mit Windeln umbinden. Das wird ihm nicht recht sein, und es wird sich dagegen wehren, aber ver-

geblich. Das einzige Mittel zu protestieren ist Schreien, und es wird schreien, um Hilfe bittend und sich empörend. Von diesem Moment an wird der Engel und der Herrscher zu einem Bettler und Sklaven, der um einen Almosen bittet. Eines nach dem anderen werden dem Kind Attribute der künstlichen Welt als etwas Wertvolles angeboten: neue Spielzeuge, neue Kleidung. Man lispelt im Gespräch mit ihm, man behandelt es unwillkürlich als ein unvollkommenes Wesen. Auch in den Einrichtungen, wo es gelehrt werden sollte, werden ihm wieder Vorteile der künstlichen Welt erzählt. Erst wenn es 9 Jahre alt ist, wird flüchtig die Natur erwähnt, als eine Beilage zu etwas anderem, zum Wesentlichen, unter dem das Künstliche gemeint wird. Die meisten Menschen sind nicht imstande, bis zu ihrem Lebensende die Wahrheit zu verstehen. Die einfache Frage nach dem Sinn des Lebens bleibt für sie unbeantwortet.

Den Sinn des Lebens bilden aber die Wahrheit, Freude und Liebe. Ein neunjähriges Kind, inmitten der Natur aufgewachsen, begreift den Weltaufbau richtiger als eure Wissenschaftler.

- Halt, Anastasia. Du meinst wahrscheinlich sein Naturwissen, wenn sein Leben ebenso wie deines verlaufen wird. Da bin ich mit dir einverstanden. Doch der gegenwärtige Mensch muß eben in unserer technokratischen Welt leben, wie du sie nennst. Ob es gut oder schlecht ist, ist eine andere Frage. Das Kind kann die Natur gut kennen und spüren, aber in anderen Bereichen kann es völlig ungebildet sein, so in Mathematik, Physik, Chemie, im gesellschaftlichen Leben.

- Für einen, der rechtzeitig das Wesen der Welt erkannt hat, ist dies nur eine Kleinigkeit. Wenn er will, kann er sich in einem beliebigen Bereich behaupten und alle anderen übertreffen.

- Wieso?

- Denn der Mensch der technokratischen Welt hat noch nichts erfunden, was es in der Natur nicht gäbe.

- Mag sein. Du hast aber versprochen zu erzählen, wie man ein Kind unter unseren Verhältnissen erziehen und seine Fähigkeiten fördern kann. Sprich aber verständlich, führe konkrete Beispiele an.

- Gut, ich gebe mir Mühe, - antwortete Anastasia, - ich habe schon solche Situationen simuliert und versucht, einer Familie Hinweise zu geben, was die Eltern tun sollen. Sie verstehen aber das Wesen nicht und können keine richtige Frage an ihr Kind stellen. So bringen sie das Kind in den Garten mit allen seinen Lieblingsspielzeugen. Das sollen sie nicht tun. Man muß für das Kind eine andere Beschäftigung finden, die es hinreißen kann, die interessanter ist als ein sinnloser und auch schädlicher Umgang mit künstlich hergestellten Gegenständen. Man bittet das Kind mitzuhelfen, aber ganz ernst, ohne Gelispel. Das Kind wird wirklich helfen können. Beim Pflanzen bittet man das Kind, die Samen in der Hand zu halten oder ein Beet zu harken oder den Samen in ein Erdloch zu werfen. Man muß dabei dem Kind alles erklären, was man in diesem Moment macht, etwa so:

- „Nun legen wir den Samen in die Erde und schütten ihn zu. Wenn die Sonne scheint und sich die Erde

erwärmt, beginnt der Samen zu wachsen, um die Sonne zu sehen. So wird ein grüner Sprößling aus der Erde hervorgucken, so klein. Dabei muß man dem Kind einen kleinen Grashalm zeigen. Wenn es dem Sprößling draußen gefällt, wird er immer größer werden, bis er sich in einen Baum verwandelt, in einen so großen oder auch in einen so kleinen. Ich möchte, daß er uns köstliche Früchte bringt, und du wirst sie essen, wenn sie dir schmeckten."

Jedesmal, wenn man mit dem Kind in den Garten kommt, muß man beim Erwachen dem Kind vorschlagen, nachzusehen, ob schon ein Sprößling da ist. Man muß ihm seine Freude zeigen, wenn man einen Sprößling sieht. Wenn man nicht sät, sondern Setzlinge pflanzt, muß man dem Kind auch erzählen, wie man das macht. Wenn man Tomatensetzlinge pflanzt, soll das Kind den Eltern einen Setzling nach dem anderen reichen. Wenn es aus Versehen einen kaputt macht, muß man diesen in die Hand nehmen und sagen: „Ich denke, der wird nicht leben und Früchte bringen, er ist kaputt. Aber wollen wir doch versuchen, ihn zu retten". Man setzt mindestens eine gebrochene Pflanze in die Erde. Nach einigen Tagen, wenn man zum Beet mit den gepflanzten Tomaten kommt, die sich schon fest angewurzelt haben, zeigt man den welkenden gebrochenen Setzling, um das Kind daran zu erinnern, daß er beim Pflanzen zerbrochen ist. Man spricht mit dem Kind nicht belehrend, sondern wie mit einem Kameraden. Man muß sich bewußt werden, daß das Kind uns in vieler Hinsicht überlegen ist, zum Beispiel in bezug auf die

Reinheit seiner Absichten. Es ist ein Engel. Wenn jemand das erkannt hat, der kann im weiteren schon intuitiv handeln, das Kind wird für ihn zum Menschen, der ihn glücklich macht. Wer im Freien unter dem Sternenhimmel schlafen will, sollte das Kind mitnehmen und daneben legen. Das Kind soll auch den Sternenhimmel ansehen, keinesfalls erklärt man ihm etwas - weder die Namen der Planeten noch ihre Herkunft und Bestimmung, denn man weiß das selbst nicht. Die in eurem Gehirn innewohnenden Dogmen können das Kind nur von der Wahrheit weit weg führen. Die Wahrheit verbirgt sich schon in seinem Unterbewußtsein, nach und nach wird sie bewußt werden. Man könnte dem Kind nur sagen, daß man sich gern die leuchtenden Sterne ansieht, oder es auch fragen, welcher von den Sternen ihm am besten gefällt. Es ist überhaupt wichtig, Fragen an sein Kind zu stellen. Im nächsten Jahr kann man dem Kind ein eigenes Beet zur Verfügung stellen, damit es dieses selbst gestaltet und darauf alles macht, was es will. Keineswegs zwingt man das Kind etwas gegen seinen Willen auf seinem Beet zu tun. Man soll nichts verbessern, was das Kind getan hat. Man kann nur nach seinem Wunsch fragen. Man kann ihm helfen, wenn es einem erlaubt hat, mit ihm zu arbeiten. Wenn man Getreide sät, soll das Kind auch ein paar Körner mit seiner Hand auf ein Beet werfen.

- Schon gut, - sagte ich zu Anastasia, - so kann bei einem Kind das Interesse für die Pflanzenwelt erwachen, und es kann ein guter Agronom werden. Wie bekommt es aber Kenntnisse aus anderen Bereichen?

- Ist dir das nicht klar? Es liegt nicht daran, daß es weiß und fühlt, was und wie etwas wächst, sondern daran, daß das Kind denken und analysieren lernt, daß in seinem Gehirn Zellen zum Leben erwachen, die dann sein ganzes Leben funktionieren werden. Eben diese Zellen machen es klüger und begabter im Vergleich zu anderen, bei denen diese Zellen schlafen. Auch was euren wissenschaftlichen Fortschritt angeht, kann es ihm in jedem Bereich überlegen sein. Dank der Reinheit seiner Absichten wird es auch viel glücklicher. Sein enger Kontakt mit den Planeten ermöglicht es ihm, immer neue Informationen zu erhalten und auszutauschen. Sein Unterbewußtsein wird alles aufnehmen und dem Bewußtsein als neue Gedanken und Entdeckungen mitteilen. Äußerlich wird dieser Mensch gewöhnlich wirken, aber im Inneren ... Solche Menschen nennt ihr Genies.

Waldgymnasium

- Sag, Anastasia, haben dich deine Eltern gerade so erzogen?

Nach einer Pause, in der sie wahrscheinlich an ihre Kindheit dachte, antwortete sie:

- Ich erinnere mich kaum an meine Eltern. Ich wurde ungefähr so von meinem Großvater und Urgroßvater erzogen, wie ich es dir erzählt habe. Nur die Natur und die Tierwelt habe ich selber gut wahrgenommen, ohne ihr Wesen gründlich zu verstehen, aber daran liegt es nicht, wenn man es richtig wahrnimmt. Der Großvater und Urgroßvater besuchten mich ab und zu, stellten Fragen an mich, die ich dann beantworten sollte. Die Leute unserer alten Generation behandeln einen Säugling und ein Kleinkind wie eine Gottheit und prüfen ihre eigene Reinheit durch die Antworten eines Kindes.

Ich bat Anastasia, sich an eine konkrete Frage und die Antwort darauf zu erinnern. Sie lächelte und erzählte:

- Einmal spielte ich mit einer kleinen Schlange. Plötzlich drehte ich mich um und sah sie beide stehen und lachen. Ich freute mich sehr über sie, denn der Umgang mit ihnen ist sehr interessant. Nur sie können Fragen stellen, und ihre Herzen schlagen im gleichen Rhythmus wie mein Herz. Bei den Tieren ist der Rhythmus anders. Also, ich lief zu ihnen. Der Urgroßvater verbeugte sich vor mir, und der Großvater setzte mich aufs Knie. Ich hörte sein Herz schlagen, berührte und sah mir seinen Bart an. Es war sehr schön, so zu sitzen und zu denken. Dann fragte mich der Großvater: „Sag, Anastasia, warum wachsen Haare bei mir hier und hier?" - er zeigte auf den Kopf und den Bart. „Und warum wachsen sie hier nicht?" - er zeigte auf die Stirn und die Nase. Ich berührte seine Stirn und die Nase, aber mir fiel keine Antwort ein. So konnte ich nicht reden, ich wollte darüber nachdenken. Als sie ein anderes Mal kamen, sagte der Großvater: „Ich denke weiter darüber nach, warum Haare bei mir hier wachsen und hier nicht?" - er zeigte wieder auf die Stirn und die Nase.

Der Urgroßvater sah mich aufmerksam und ernst an. Ich dachte damals, vielleicht sei das sein Hauptproblem, und fragte:

- Großvater, möchtest du gern, daß sie überall wachsen, auch an der Stirn und auf der Nase?

Der Urgroßvater wurde nachdenklich, und der Großvater antwortete:

- Nein, ich möchte das nicht.
- Nun, eben darum wachsen sie nicht, weil du es nicht willst.

Nachdenklich strich er seinen Bart und fragte gleichsam sich selbst:

- Also, hier wachsen sie nicht, weil ich es so haben möchte?

Ich bestätigte:

- Ja, Großvater, alle wollen das, du und ich und auch er, der dich geschaffen hat.

Da fragte der Urgroßvater seltsam aufgeregt:

- Und wer hat ihn geschaffen?
- Der alles geschaffen hat.
- Wo ist er? Zeig! - fragte der Großvater und verbeugte sich tief vor mir. Ich konnte nicht sofort antworten. Ich dachte dann oft darüber nach.
- Hast du diese Frage doch beantwortet?
- Ungefähr nach einem Jahr. Dann wurden neue Fragen an mich gestellt. Bis dahin haben sie mich nichts gefragt, und ich war sehr traurig.

Aufmerksamkeit den Menschen gegenüber

Ich fragte Anastasia, wer sie sprechen lehrte, wenn sie sich kaum an ihre Eltern erinnern kann und der Großvater und Urgroßvater sie auch selten besuchten. Ihre Antwort setzte mich in Erstaunen. Um sie richtig zu verstehen, müßte man entsprechende Spezialisten heranziehen, darum bemühe ich mich, sie möglichst vollständig wiederzugeben. Nur allmählich erkannte ich ihren Sinn. Bevor sie meine Frage beantwortete, wollte sie wissen:

- Meinst du die Fähigkeit, Sprachen verschiedener Menschen zu sprechen?
- Was heißt „verschieden"? Kannst du etwa verschiedene Sprachen sprechen?
- Aber natürlich, - antwortete Anastasia.
- Deutsch, Französisch, Englisch, Japanisch und Chinesisch?
- Ja, du siehst, ich spreche ja deine Sprache.
- Du meinst, Russisch.
- Nun, das wäre zu allgemein. Ich versuche mindestens deine Redewendungen und Wörter zu benutzen. Zuerst war es für mich schwierig, denn dein Wortschatz ist zu klein. Du wiederholst oft dieselben Redewendungen. Auch gefühlsmäßig ist deine Sprache schwach. Man kann kaum etwas mit solch einer Sprache richtig zum Ausdruck bringen.

- Warte, Anastasia, jetzt frage ich dich in einer Fremdsprache, und du sollst mir antworten.

Ich sagte ihr „Guten Tag" auf englisch und französisch. Sie antwortete mir sofort.

Leider beherrsche ich die Fremdsprachen nicht so gut. In der Schule hatte ich Deutsch gelernt und immer nur befriedigend gehabt. Jetzt kam mir ein Satz in den Kopf, den wir in der Schule gelernt hatten. Ich sagte ihr diesen Satz:

- Ich liebe dich, gib mir deine Hand.

Sie reichte mir ihre Hand und sprach dabei:

- Ich gebe dir meine Hand.

Ich war überrascht, ich wollte es nicht glauben und fragte.

- Können etwa jedem alle Fremdsprachen beigebracht werden?

Ich ahnte, daß sich dieses Phänomen irgendwie einfach erklären läßt. Ich wollte es wissen und den anderen Menschen mitteilen.

- Los, Anastasia, erzähl davon in meiner Sprache, aber mit Beispielen, damit ich verstehen kann, - bat ich sie etwas aufgeregt.

- Schon gut, beruhige und entspanne dich, sonst wirst du nichts verstehen. Ich werde dich zuerst schreiben lehren.

- Ich kann schreiben, erzähl besser, wie man die Fremdsprachen lehrt.

- Ich lehre dich nicht einfach schreiben. Ich mache dich zu einem Schriftsteller. Du wirst ein talentvoller Schriftsteller und schreibst ein Buch.

- Das ist unmöglich.
- Doch, das ist möglich und sehr einfach.

Anastasia nahm ein Stäbchen, schrieb damit das ganze Alphabet auf den Boden und fragte, wieviel Buchstaben da wären.

- 33, - antwortete ich.
- Na, siehst du, nur wenige Buchstaben. Kannst du das hier Geschriebene ein Buch nennen?
- Nein, das ist nur das Alphabet, nur die Buchstaben.
- Aber alle russischsprachigen Bücher bestehen nur aus diesen Buchstaben, - bemerkte Anastasia. Bist du damit einverstanden? Verstehst du, alles ist so einfach.
- Ja, aber in den Büchern stehen sie ganz anders.
- Richtig. Die Bücher enthalten eine große Anzahl von Kombinationen dieser Buchstaben. Die Menschen kombinieren sie automatisch, indem sie sich von ihren Gefühlen leiten lassen. Daraus folgt, daß nicht Kombinationen von Buchstaben, sondern Gefühle zuerst entstehen, bewirkt durch die Einbildung eines Menschen. Bei den Menschen, die dann das Buch lesen, entstehen gleiche Gefühle, die sich für lange Zeit einprägen. Kannst du dich an irgendwelche Gestalten und Situationen aus den Büchern erinnern, die du gelesen hast?

- Ich kann, - sagte ich nach einer kurzen Überlegung. Merkwürdigerweise kam mir „Der Held unserer Zeit" von Lermontow in den Sinn, und ich begann davon zu erzählen. Anastasia unterbrach mich:

- Siehst du, du kannst die Hauptpersonen des Buches beschreiben und von ihren Gefühlen erzählen, obwohl viel Zeit vergangen war, seit du dieses Buch gelesen hast. Wenn ich dich gefragt hätte, in welcher Reihenfolge und in welchen Kombinationen die 33 Buchstaben stehen, hättest du darauf antworten können?

- Nein, das ist unmöglich.

- Das ist wirklich schwer. Also, die Gefühle eines Menschen werden dem anderen mittels verschiedener Kombinationen aus 33 Buchstaben übertragen. Du hast dir diese Kombinationen angesehen, aber gleich vergessen, die Gefühle und die Gestalten dagegen haben sich in deinem Gedächtnis eingeprägt. Daraus kann man schließen: wenn man die Seelenregungen direkt mit diesen Zeichen in Verbindung setzt, so läßt die Seele diese Zeichen in bestimmter Ordnung und Kombination folgen, so daß jeder Lesende im weiteren die Seele des Schreibenden wahrnehmen kann. Und wenn in der Seele des Schreibenden ...

- Warte mal, Anastasia, sprich bitte einfacher, verständlicher, zeig an einem konkreten Beispiel, wie man die Fremdsprachen lernt. Zum Schriftsteller wirst du mich später machen. Nun, erzähl, wer und wie hat dich gelehrt, verschiedene Sprachen zu verstehen?

- Mein Urgroßvater, - antwortete Anastasia.

- Ein Beispiel, - bat ich. Ich wollte das schnell verstehen.

- Nun gut, rege dich aber nicht auf, ich finde schon ein Mittel, um es dir zu erklären, und wenn es für dich so wichtig ist, versuche ich dich alle Sprachen zu lehren. Das ist doch so einfach.

- Für unsereins ist es unglaublich, Anastasia, darum bemühe dich das zu erklären. Und sag, wie lange dauert es, mir die Fremdsprachen beizubringen?

Sie sah mich eine Weile nachdenklich an, dann sagte sie:

- Du hast kein gutes Gedächtnis, dazu viele Alltagssorgen. Es dauert lange.

- Wie lange? - fragte ich mit Ungeduld.

- Um sich im Alltagsleben zu verständigen, das heißt um „Guten Tag" und „Auf Wiedersehen" und dergleichen sagen zu können, brauchst du mindestens vier - sechs Monate, antwortete Anastasia.

- Meine Geduld ist zu Ende, Anastasia, erzähl endlich, wie dein Urgroßvater es erreicht hat.

- Er hat mit mir gespielt.

- Wie hat er gespielt? Erzähl!

- Beruhige dich, entspanne dich. Ich kann nicht begreifen, warum du dich so aufregst.

Sie fuhr ruhig fort:

- Der Urgroßvater spielte mit mir, als wäre es nur zum Spaß. Wenn er zu mir allein ohne Großvater kam, verbeugte er sich immer vor mir und reichte mir seine Hand. Ich gab ihm meine Hand, er drückte sie, dann küßte er sie auf einem Knie stehend und sagte: „Guten Tag, Anastasia!" Eines Tages kam er und machte alles, wie immer. Seine Augen sahen mich wie immer zärtlich an, aber der Mund sprach etwas Unverständliches. Erstaunt sah ich ihn an, aber er sprach schon etwas anderes, ebenso Unverständliches und Zusammenhangloses. Ich konnte es nicht mehr aushalten und fragte: „Hast du etwa vergessen, was du sagen sollst?" - „Ver-

gessen" - sagte er, ging einige Schritte von mir weg, dann kam er wieder zu mir, reichte mit die Hand und ich gab ihm meine. Er sank auf ein Knie und küßte mir die Hand. Sein Blick war zärtlich, die Lippen bewegten sich, aber kein Wort war zu hören. Ich erschrak und sagte ihm vor: „Guten Tag, Anastasia!" - „Richtig", - bestätigte der Urgroßvater lachend. Nun verstand ich, das sei ein Spiel. Seitdem spielten wir öfter so. Zuerst war das Spiel sehr einfach, dann wurde es immer komplizierter, trotzdem nicht weniger interessant. Man kann damit beginnen, wenn das Kind drei Jahre alt ist. So geht es, bis es 11 wird. Dann findet gleichsam eine Prüfung statt, ob das Kind, das seinen Gesprächs-partner ansieht, ihn auch ohne Worte verstehen kann, in welcher Sprache er auch reden möge. So ein Dialog ist vollkommener und schneller. Ihr nennt das Telepathie und haltet es für ein außerordentliches, ja phantastisches Phänomen. In der Tat steht dahinter ein aufmerksames Verhältnis gegenüber den Mitmenschen, Einbildungskraft und gutes Gedächtnis. Darin verbirgt sich nicht nur ein vollkommenes Mittel, Informationen auszutauschen, sondern die Menschenseelen, die Pflanzen- und Tierwelt sowie das Weltall zu erkennen.

- Anastasia, was haben die Pflanzen damit zu tun, die wir in unseren Gärten züchten?

- Verstehst du denn nicht? Ein Kind erkennt durch die Pflanzen gleichsam einen Teil des Weltalls, nimmt Kontakt mit seinen Planeten auf, erkennt dadurch und mit Hilfe seiner Eltern schnell, sehr schnell die Wahrheit und entwickelt sich sehr intensiv auch auf dem

Gebiet eurer Wissenschaften - Psychologie, Philosophie und Naturwissenschaft. Wenn bei diesem Spiel irgendwelche künstlich hergestellten Gegenstände benutzt werden, können sie das Kind verwirren. Die Kräfte der Natur und des Kosmos werden ihm dabei nicht helfen.

- Ich habe dir schon gesagt, Anastasia, bei diesem Leben kann das Kind am Ende ein guter Agronom werden. Aber wie bekommt es Kenntnisse in anderen Bereichen?

Anastasia behauptete, daß ein auf diese Weise erzogener Mensch auch die Fähigkeit hat, die beliebigen Bereiche der Wissenschaft schnell kennenzulernen.

Der fliegende Teller? Kein Wunder

Dann bat ich sie, ihre Kenntnisse auf dem Gebiet der Technik zu zeigen.

- Was willst du von mir? Soll ich dir erzählen, wie verschiedene Geräte und Anlagen eurer Welt funktionieren?

- Sag etwas, was unsere größten Wissenschaftler nur ahnen. Mache eine große wissenschaftliche Entdeckung.

- Tue ich das nicht die ganze Zeit für dich?

- Nicht für mich. Tue das für die Wissenschaftler, damit sie deine großen Entdeckungen auf dem Gebiet der Technik, der Kosmonautik, der Atomwissenschaft oder Brennstoffindustrie anerkennen. Beweise, daß es für dich so einfach ist, wie du behauptest.

- Diese Bereiche sind im Vergleich dazu, was ich dir zu erklären versuche, etwa wie das Steinzeitalter in eurer Auffassung.

- Ausgezeichnet. Deiner Meinung nach ist es primitiv, dafür aber verständlich. Du wirst beweisen, daß du recht hast und bestätigst somit, daß dein Intellekt meinem überlegen ist. Sag, wie findest du zum Beispiel unsere Flugzeuge und Raumschiffe? Sind sie deiner Meinung nach nicht vollkommen?

- Nun, sie sind recht primitiv. Sie bestätigen gerade die Primitivität der technokratischen Entwicklung.

- Diese Antwort ließ mich ahnen, daß sie in der Tat unermeßlich mehr weiß, als ein Mensch mit einem durchschnittlichen Verstand sich vorstellen kann. Ich forsche weiter:

- Was findest du an unseren Raketen und Flugzeugen primitiv?

Anastasia dachte nach und antwortete nach einer kurzen Pause:

Die Bewegung eurer Fahrzeuge, absolut aller Fahrzeuge, geschieht durch eine Explosion. Ihr kennt keine anderen natürlichen und vollkommeneren Energiequellen und benutzt diese primitive Quelle. Eure Flugzeuge und Raketen haben eine lächerlich geringe Leistungsfähigkeit, sie können nur kurze Strecken fliegen und nur eine geringe Höhe im Weltall erreichen. Das ist ja lächerlich. Ein brennender und explodierender Stoff setzt eine sperrige Anlage in Bewegung, die ihr Raumschiff nennt. Der größte Teil des Raumschiffes ist nur dazu da, diesen Antrieb zu bewirken.

- Gibt es ein anderes Prinzip der Fortbewegung in der Luft?

- Zum Beispiel das Prinzip des fliegenden Tellers, - antwortete Anastasia.

- Was? Du weißt Bescheid über fliegende Teller und das Prinzip ihrer Fortbewegung?

- Aber natürlich. Dieses Prinzip ist sehr einfach und rationell.

Vor Aufregung wurde mir der Hals trocken, und ich drängte Anastasia:

- Also, los, Anastasia, erzähl schnell und verständlich.

- Nun gut, rege dich aber nicht so auf, sonst fällt es dir schwer zu verstehen. Das Bewegungsprinzip des fliegenden Tellers beruht auf der Energie der Vakuumbildung.

- Wie bitte? Kannst du das nicht deutlicher ausdrücken?

- Du hast einen geringen Wortschatz, und ich muß gerade den benutzen, damit du mich verstehen kannst.

- Ich kenne viele andere Wörter, - rief ich aufgeregt und begann alle Wörter zu nennen, die mir im Moment einfielen - Glas, Deckel, Tablette, Luft. Auch manche Mutterflüche habe ich angeführt.

Anastasia unterbrach mich:

- Hör auf, ich kenne alle Wörter, die du benutzt, aber es gibt auch viele andere Wörter und auch ein anderes Mittel, Informationen auszutauschen. Mit diesem Verfahren könnte ich dir alles in einer Minute erzählen. Sonst braucht man 2 Stunden. Es würde lange dauern. Aber ich möchte dir etwas anderes und Bedeutenderes erzählen.

- Aber nein, Anastasia, erzähl über den fliegenden Teller, das Prinzip seiner Bewegung und über die Energieträger. Bis ich das verstanden habe, will ich nichts anderes hören.

- Nun gut, - fuhr sie fort. - Bei einer Explosion verwandelt sich ein fester Stoff schnell unter einer Einwirkung in einen gasförmigen Stoff oder infolge einer Reaktion verwandeln sich zwei gasförmige Stoffe in leichtere Stoffe. Ist das klar?

- Ja,- sagte ich. - Das Pulver, wenn man es anzündet, verwandelt sich in Qualm und das Benzin in Gas.

- Ja, so sieht es ungefähr aus. Hättest du und alle anderen reine Absichten und dadurch Wissen um die Natur und deren Wirkungen, hättet ihr schon längst folgendes erkannt: wenn es einen Stoff gibt, der sich in einem Augenblick ausdehnen, explodieren und in einen anderen Zustand übergehen kann, so sollte es auch den gegensätzlichen Vorgang geben. In der Natur gibt es Mikroorganismen, die gasförmige Stoffe in Feststoffe verwandeln. Übrigens tun es alle Pflanzen, wenn auch mit verschiedener Schnelligkeit. Auch die Härte und Beständigkeit dieser Stoffe sind verschieden. Sieh dich um, die Pflanzen ziehen Säfte aus der Erde, atmen Luft und machen daraus feste und beständige Körper, zum Beispiel Holz oder noch härtere Nüsse und Steine in manchen Früchten, z. B. in Pflaumen. Ein unsichtbarer Mikroorganismus macht es mit einer sehr großen Geschwindigkeit, indem er sich gleichsam nur aus der Luft ernährt. Diese Mikroorganismen sind die treibenden Kräfte eines fliegenden Tellers. Sie sind wie eine Mikrozelle des Gehirns. Nur ihre Funktion ist eingeschränkt. Sie sichern die Bewegung. Sie erfüllen diese Funktion ausgezeichnet. Sie befinden sich an der Innenseite der Oberfläche eines fliegenden Tellers zwischen ihren Doppelwandungen. Deren Abstand ist etwa 3 cm. Die obere und die untere Fläche der Außenwände ist porig, mit winzigen Löchern. Durch diese Löcher ziehen die Mikroorganismen Luft und bilden somit vor dem Teller ein Vakuum. Die Luftströme beginnen schon hart zu werden, bevor sie mit dem Teller in Berührung kommen. Nachdem sie durch die Mikroorganismen gegangen sind, verwandeln sie sich in kleine Kugeln. Die Kugeln wachsen und erreichen einen Durchmesser von etwa 0,5 cm. Dann werden sie weicher, rollen in den unteren Teil des Tellers und bilden sich auflösend wieder gasförmige Stoffe. Man kann sie auch essen, aber nur bevor sie sich aufgelöst haben.

- Und wie sind die Wände eines fliegenden Tellers?
- Sie sind gezüchtet.
- Wie? - fragte ich mißtrauisch.
- Statt sich zu wundern, solltest du darüber nachdenken. Viele Leute züchten in Gläsern einen Pilz, der dem Wasser einen angenehmen sauren Geschmack ver-

leiht. Dieser Pilz nimmt immer die Form des Behälters an und ist übrigens dem fliegenden Teller ähnlich. Er bildet auch Doppelwände. Wenn man in sein Wasser noch einen Mikroorganismus tut, geschieht die Erhärtung. Eigentlich könnte man diesen Mikroorganismus durch die Tätigkeit des Gehirns, das heißt durch Anstrengungen des Willens und der Einbildung, gewinnen.

- Kannst du das?
- Ja, aber nur meine Bemühungen reichen dazu nicht aus. Dazu braucht man die Einwirkung einiger Dutzend Menschen mit gleichen Fähigkeiten innerhalb eines Jahres.
- Gibt es auf der Erde alles Nötige, um diesen Teller und Mikroorganismen zu machen oder zu züchten, wie du sagst?
- Sicher. Auf der Erde gibt es alles, was es im Weltall gibt.
- Auf welche Weise bringt man Mikroorganismen zwischen die Wände des Tellers, wenn sie unsichtbar sind?
- Wenn die obere Wand gezüchtet ist, zieht sie diese selbst an und sammelt eine große Menge davon, ebenso wie ein Bienenstock Bienen anlockt. Aber auch hier sollten einige Dutzende Menschen ihren Willen anstrengen. Es hat keinen Sinn, alles in Einzelheiten zu beschreiben. Sowieso seid ihr nicht imstande, einen Teller zu züchten, weil es unter euch keine Menschen mit entsprechendem Willen, Intellekt und entsprechenden Kenntnissen gibt.

- Und du? Kannst du dabei helfen?
- Ich kann.
- Dann tue es doch.
- Ich habe es schon getan.
- Was hast du getan?
- Ich habe dir erzählt, wie man die Kinder erziehen soll. Und ich werde noch mehr davon erzählen. Du wirst alles den anderen Menschen mitteilen. Viele glauben es, und ihre auf diese Weise erzogenen Kinder werden einen Intellekt, einen Willen und Kenntnisse besitzen, die ihnen ermöglichen, nicht nur einen primitiven fliegenden Teller zu machen, sondern etwas Bedeutendes zu leisten.

- Anastasia, woher weißt du alles über den fliegenden Teller?

- Sie landeten hier, und ich habe ihnen geholfen, ihn zu reparieren.

- Sind sie klüger als wir?

- Gar nicht. Der Mensch ist ihnen überlegen. Sie haben Angst vor den Menschen und meiden sie, obwohl sie sehr neugierig sind. Zuerst hatten sie auch Angst vor mir und versuchten mich gedanklich zu beeinflussen, einzuschüchtern und mich in Erstaunen zu setzen. Nur mit Mühe gelang es mir, sie zu beruhigen.

- Sie müssen doch klüger sein, wenn sie das machen, was kein Mensch kann.

- Was ist Besonderes daran? Die Bienen bauen auch aus Naturmaterialien phantastische Konstruktionen mit einem Lüftungs- und Heizungssystem, aber das bedeutet nicht, daß ihr Intellekt dem menschlichen überlegen ist. Im Weltall gibt es nichts und niemanden, der mächtiger als der Mensch wäre, abgesehen von Gott.

Das Gehirn ist ein Supercomputer

Die Möglichkeit, einen fliegenden Teller zu schaffen, interessierte mich sehr. Wenn man nur das Prinzip der Bewegung als eine Hypothese betrachtet, so ist es eine Innovation an sich. Aber der fliegende Teller ist nicht lebensnotwendig für uns, die Bewohner der Erde.

Ich möchte etwas von Anastasia hören, was alle sofort verstehen können, damit dieses „etwas" keine wissenschaftlichen Forschungen verlangt, sondern sofort in unserem praktischen Leben verwendet werden und Nutzen bringen kann. Ich bat Anastasia, ein aktuelles Problem unserer Gesellschaft zu lösen. Sie war einverstanden und fragte:

- Wenn es sich um eine Aufgabe handelt, dann solltest du mir die Aufgabenstellung formulieren. Wie kann ich eine Aufgabe lösen, ohne zu wissen, was du willst?

Ich überlegte, was heutzutage besonders aktuell ist und formulierte folgende Aufgabenstellung:

- Weißt du, Anastasia, ein aktuelles Problem unserer Großstädte ist die Verschmutzung der Umwelt. Die Luft, die man dort atmet, ist schädlich.

— Ihr selbst verunreinigt die Luft.

— Das stimmt. Hör zu, aber ohne philosophische Auseinandersetzungen, wir sollten selbst sauber sein, mehr Bäume haben und dergleichen. Betrachte die heutige Situation als eine Gegebenheit und erfinde etwas, was die Luft in der Stadt um 50% verbessern könnte und wofür keine Mittel aus dem Staatshaushalt, also keine staatlichen Mittel, verwendet werden sollten. Deine Erfindung soll die rationellste von allen möglichen Varianten sein. Sie soll sofort einsetzbar und für mich und alle anderen verständlich sein.

— Ich versuche es, - antwortete Anastasia, - hast du alle Voraussetzungen genannt?

Ich wollte die Aufgabe irgendwie schwieriger machen, denn ich ahnte, daß ihr Intellekt und ihre Fähigkeiten ein viel höheres Niveau haben, als es sich unser Verstand vorstellen kann. Darum fügte ich hinzu:

— Deine Erfindung soll auch Gewinn bringen.

— Wem?

— Mir und dem Land, ganz Rußland. Du wohnst doch auf dem Territorium Rußlands.

— Meinst du Geld?

— Ja.

— Viel Geld?

— Gewinne, Anastasia, also Geld, kann es nicht genug geben. Ich brauche soviel, um diese Geschäftsreise und eine neue finanzieren zu können. Und Rußland ...

Ich überlegte, ob ich Anastasia auch irgendwie materiell im Sinne unserer Zivilisation interessieren könnte.

Darum fragte ich:
- Willst du etwas für dich?
- Ich habe alles, - antwortete sie.
Plötzlich kam mir ein Gedanke. Ich wußte, woran sie interessiert sein könnte.
- Weißt du, Anastasia, deine Erfindung sollte soviel Geld bringen, daß deine Lieblinge, die Kleingärtner, in ganz Rußland die Samen gratis oder vergünstigt bekommen könnten.
- Toll! - rief Anastasia. - Das ist eine gute Idee! Ich werde das sofort durchdenken. Das gefällt mir sehr gut! Ist das alles? Oder hast du noch etwas?
- Nein, vorläufig ist es alles, Anastasia.
Ich sah, daß sie von der Aufgabe selbst begeistert war, und noch mehr von der Aussicht, daß ihre Kleingärtner unentgeltlich Samen bekommen können.
Damals war ich sicher, daß auch sie mit ihren hervorragenden Fähigkeiten das Problem der Luftreinigung nicht lösen kann, sonst hätten es unsere zahlreichen wissenschaftlichen Institute schon längst gelöst.
Anastasia legte sich energisch, und nicht mehr ruhig wie sonst, ins Gras und streckte die Arme mit den Handflächen nach oben aus. Ihre Finger bewegten sich ab und zu, die Wimpern zuckten.
So lag sie etwa 20 Minuten, dann öffnete sie die Augen, richtete sich auf und sagte:
- Ich habe es festgestellt. Aber es ist schrecklich!
- Was hast du festgestellt? Was findest du schrecklich?
- Der größte Schaden wird durch die Fahrzeuge verursacht. Es gibt zu viele in den Großstädten, und jedes

verursacht schädlichen Gestank und Schadstoffe, die die Gesundheit gefährden. Das Schlimmste besteht darin, daß sie sich mit den Staubteilchen verbinden und diese anreichern. Der Verkehr läßt diesen Staub hochwirbeln und die Menschen atmen dieses schreckliche Gemisch ein, es verbreitet sich, bedeckt dann das Gras, die Bäume und die ganze Umgegend. Das ist schlimm.

- Natürlich ist es schlimm. Das ist allgemein bekannt. Man kann aber daran nichts ändern. Auch die Sprengwagen helfen wenig. Du hast absolut nichts Neues entdeckt und keine originelle Reinigungsmethode erfunden, Anastasia.

- Ich habe nur die Hauptursache des Schadens festgestellt. Nun werde ich analysieren und nachdenken. Ich muß mich einige Zeit konzentrieren, vielleicht dauert es eine Stunde, denn ich habe mich mit diesen Problemen noch nie beschäftigt. Damit du dich nicht langweilst, geh bitte in den Wald oder ...

- Du kannst in Ruhe denken, ich finde schon eine Beschäftigung.

Anastasia versank völlig in ihre Gedanken. Eine Stunde später, als ich nach einem Spaziergang durch den Wald zurückkehrte, schien sie unzufrieden zu sein. Ich sagte:

- Siehst du, Anastasia, auch dein Gehirn ist nicht imstande, hier etwas zu ändern. Sei nicht traurig. Viele unserer Forschungsinstitute arbeiten seit Jahren an diesem Problem, aber ebenso wie du können sie nur die Tatsache der Umweltverschmutzung feststellen und bis heute wird nichts dagegen getan.

Sie antwortete, als wollte sie sich entschuldigen:

- Ich habe alle möglichen Varianten durchdacht, aber das Problem so zu lösen, daß eine 50%ige - Luftreinigung und noch dazu ganz schnell erreicht wird, ist nicht möglich.

Ich verstand ihre Worte so, daß sie doch eine Lösung gefunden hat.

- Und mit wieviel Prozent klappt es?
- Ein schlechtes Resultat. Nur um die 35-40 Prozent.
- Was? - rief ich aus.
- Das ist ungenügend, nicht wahr? - fragte Anastasia.

Mir stockte der Atem, ich ahnte, sie kann nicht lügen, übertreiben oder irgend etwas verfälschen. Ich versuchte ruhig zu sein und sagte:

- Ändern wir die Aufgabenstellung, nehmen wir 38% an. Nun erzähl schnell, was du erfunden hast.
- Die Hauptsache ist, daß alle Fahrzeuge diesen schädlichen Staub nicht verstreuen, sondern ihn sammeln können.
- Wie läßt sich das machen? Sag es schnell!
- Nun, vorn gibt es bei allen Fahrzeugen so ein Ding, wie heißt es denn?
- Eine Stoßstange, - sagte ich ihr vor.
- Also, eine Stoßstange. Innerhalb oder unterhalb dieser Stoßstange könnte man einen Behälter mit Löchern im Oberteil anbringen. Hinten sollten auch Löcher sein, damit die Luft ausströmen kann. Bei der Bewegung gelangt der schmutzige Luftstrom durch die

vorderen Löcher in den Behälter und verläßt ihn durch die hinteren Löcher, um 20% gereinigt.

- Aber wie steht es mit deinen 40%?

- Jetzt wird der Staub von den Straßen überhaupt nicht weggeräumt. Bei der Verwendung dieses Verfahrens vermindert sich die Staubmenge, weil man ihn täglich und überall wegräumt. Ich habe genau berechnet: wenn solche Behälter in allen Fahrzeugen angebracht werden, wird sich die Staubmenge in einem Monat um 40% reduzieren. Weiter sinkt dieser Anteil nicht mehr, denn da wirken noch andere Faktoren mit.

- Wie groß sollen diese Behälter sein, was sollen sie enthalten, wieviel Löcher und in welchem Abstand sollen die sein?

- Wladimir, vielleicht willst du, daß ich sie selbst an jedem Auto anbringe?

Zum ersten Mal sah ich ein, daß sie Humor hatte. Ich lachte, als ich mir vorstellte, wie Anastasia ihre Behälter an Autos anbringt. Sie lachte auch, erfreut über meine heitere Stimmung und drehte sich in einem Tanz auf der Lichtung.

Die Idee war in der Tat sehr einfach, das übrige war eine technische Sache. Schon ohne Anastasia stellte ich mir vor, wie das geschehen soll: Verfügungen der Administration, Kontrolle der Stadtinspektion, Filteraustausch an den Tankstellen, Abgabe von gebrauchten Filtern, Kontrollscheine und dergleichen.

- Paß auf! - wendete ich mich an die tanzende Anastasia. - Was soll in diesen Behältern drin sein?

- In den Behältern ... in den Behältern ... denk selbst

ein wenig, das ist ganz einfach, - antwortete sie, ohne ihren Tanz zu unterbrechen.

- Und das Geld? Woher kommt das? - fragte ich wieder.

Sie blieb stehen.

- Verstehst du denn nicht? Du hast mich gebeten, die rationellste Idee zu finden. Das habe ich getan. In der ganzen Welt wird man diese Idee überall in den Großstädten verwenden, und Rußland wird viel Geld dafür zahlen, so daß man ausreichende Mittel für unentgeltliche Samen haben wird. Auch du wirst bezahlt, aber das Geld wirst du unter bestimmten Bedingungen bekommen.

Damals beachtete ich ihre Worte über bestimmte Bedingungen nicht. Ich wollte einige Momente präzisieren:

- Also, man muß das Patent anmelden. Denn niemand wird freiwillig zahlen.

- Warum nicht? Man wird zahlen. Gleich nenne ich dir einen Anteil in Prozenten. Für die in Rußland hergestellten Behälter bekommt Rußland 2%, du bekommst 0,01%.

- Was bringt deine Verfügung? Du weißt Bescheid in vielen Sachen, aber im Business bist du ein blutiger Laie. Niemand wird freiwillig zahlen. Auch vertragsmäßig wird nicht immer gezahlt. Wenn du wüßtest, wie viele Nichtzahlungen in unserem Land registriert werden. Die Schiedsgerichte sind überlastet. Weißt du, was ein Schiedsgericht ist?

- Ich glaube es zu wissen. Aber in meinem Fall wird

man ordnungsgemäß zahlen. Denn wer nicht zahlt, wird bankrott gehen. Nur die ehrlichen Menschen werden vorankommen.

- Warum gehen sie bankrott? Willst du sie etwa erpressen?

- Was fällt dir ein? Was für dummes Zeug redest du! Die Umstände werden sich so gestalten, daß die Betrüger bankrott gehen.

Hier ging mir ein Licht auf: Anastasia kann nicht lügen, auch die Natur erlaubt ihr nicht, sich zu irren, wie sie behauptet. Also, bevor sie eine solche Erklärung machte, mußte sie einen unvorstellbar riesigen Umfang von Informationen in ihrem Gehirn bearbeitet haben, umfangreiche Berechnungen angestellt und dabei eine Menge verschiedener psychologischer Faktoren in bezug auf die Menschen beachtet haben, die sich mit ihrem Projekt beschäftigen werden. Im Grunde genommen hatte sie nicht nur das schwierigste Problem der Luftreinigung gelöst, sondern auch einen Business-Plan zusammengestellt und geprüft - alles in etwa anderthalb Stunden. Ich wollte einige Einzelheiten klären und fragte sie:

- Anastasia, sag bitte, hast du irgendwelche Berechnungen im Kopf gemacht, um den Reinigungsgrad der Luft und die Geldbeträge zu nennen, die durch den Verkauf deiner an den Fahrzeugen angebrachten Behälter erwirtschaftet werden?

- Es wurden detaillierte Berechnungen gemacht, nicht nur im Gehirn ...

- Halt! Sei still! Laß mich jetzt etwas sagen. Könn-

test du mit dem modernsten japanischen oder amerikanischen Computer konkurrieren?

- Das ist nicht interessant für mich, - antwortete sie und fügte hinzu:

- Das ist sehr primitiv und auch erniedrigend. Mit einem Computer zu konkurrieren ist dasselbe wie ... Wie könnte ich es dir an einem einfachen Beispiel erklären? Nun, es ist dasselbe, wenn man eine Wette mit einer Bein- oder Armprothese eingeht, richtiger nur mit einem Teil dieser Prothese. Dem Computer fehlt das Wesentliche, die Gefühle.

Ich versuchte das Gegenteil zu beweisen, indem ich ihr erzählte, daß viele kluge und bedeutende Menschen mit einem Computer Schach spielen. Da meine Beweise sie nicht überzeugten, bat ich sie diese Wette zu halten, um mir und allen anderen die Möglichkeiten des menschlichen Gehirns zu beweisen. Sie war einverstanden, und ich fragte sie:

- Also, darf ich öffentlich erklären, daß du bereit bist, mit einem japanischen Supercomputer beim Lösen der Aufgaben zu konkurrieren?

- Warum mit einem japanischen? - fragte Anastasia.

- Weil er als der beste auf der Welt gilt.

- Ach so? Am besten dann mit allen Computern auf einmal, damit ich mich nicht noch einmal auf deine Bitte mit dieser langweiligen Sache beschäftigen muß.

- Ausgezeichnet, - freute ich mich, - mit allen auf einmal, aber man muß die Aufgabe formulieren.

- Es geht,- stimmte Anastasia zu. - Aber um keine

Zeit für die Formulierung zu verlieren, sollen sie zuerst die Aufgabe lösen, die du mir gestellt hast. Sie sollen meine Lösung bestätigen oder ablehnen. Wenn sie diese ablehnen, dann sollen sie ihre eigene Lösung vorschlagen. Das Leben und die Menschen werden ihre Schiedsrichter sein.

- Ausgezeichnet, Anastasia, du bist großartig! Das ist konstruktiv. Wie lange brauchen sie für die Lösung dieser Aufgabe? Wie meinst du? Anderthalb Stunden wie in deinem Fall werden nicht ausreichen. Geben wir ihnen drei Monate!

- Meinetwegen.

- Alle Interessenten können Schiedsrichter sein. Wenn es viele gibt, dann kann niemand aus eigennützigen Interessen das Urteil beeinflussen.

- Mag es so sein. Aber ich möchte mit dir noch über die Kindererziehung sprechen.

Für Anastasia war die Kindererziehung das Lieblingsthema. Es machte ihr viel Spaß, über dieses Thema zu sprechen. Meine Idee mit einer Computerwette interessierte sie wenig. Ich freute mich jedoch, daß sie zugesagt hatte, und wollte die Computerfirmen aufrufen, am Wettbewerb teilzunehmen.

Ich wollte noch etwas bei Anastasia klären:

- Welchen Preis bekommt der Gewinner?

- Ich brauche nichts! - antwortete sie.

- Warum? Bist du dir deines Sieges so sicher?

- Natürlich, ich bin ja ein Mensch.

- Nun gut, was kannst du einer Firma anbieten, die den zweiten Platz gewinnt?

— Ich werde ihnen raten, wie sie ihren primitiven Computer vervollkommnen können.
— Abgemacht!

„In ihm war das Leben, und das Leben war das Licht der Menschen"

Joh. 1,4

Einmal führte mich Anastasia auf meine Bitte zu der Klingenden Zeder, von der mir ihr Großvater und Urgroßvater erzählt hatten. Wir gingen nicht weit von der Lichtung, da sah ich sie schon. Ein ungefähr 40 Meter hoher Baum erhob sich nur ein wenig über die ihn umgebenden Bäume. Er unterschied sich von den anderen Bäumen vor allem dadurch, daß seine Krone gleichsam leuchtete und um sich eine Art Aureole bildete, die an den Heiligenschein erinnerte, wie er auf den Ikonen dargestellt wird. Diese Aureole blieb nicht unverändert, sie pulsierte. Im höchsten Punkt entstand ein schmaler Strahl, der in die himmlische Unendlichkeit ging. Dieses Bild beeindruckte und bezauberte mich.

Auf Anastasias Vorschlag legte ich meine Hände an den Stamm der Zeder und empfand sofort eine Art Klingen und Knistern, wie man es unter einer Hochspannungsleitung erleben kann, nur etwas lauter.

- Ich habe einmal selbst zufällig ein Verfahren gefunden, wie man die Energie der Zeder in den Kosmos richten kann, damit sie dann wieder auf der Erde verteilt wird, - teilte mir Anastasia mit. - Sieh, die Baumrinde ist an vielen Stellen abgerissen. Hier ist eine Bärin geklettert. Nur mit Mühe ließ ich mich von ihr nach oben bis zu den ersten Zweigen schleppen, indem ich mich am Fell um ihren Kopf festhielt. Sie kletterte und brüllte, kletterte und brüllte. So erreichte ich die ersten Zweige und dann den Wipfel des Baumes. Was ich da alles machte! Ich streichelte den Baum und schrie nach oben - nichts half. Dann kamen der Großvater und der Urgroßvater. Du kannst dir nicht vorstellen, was dann geschah. Sie standen unten, tadelten mich streng und verlangten, daß ich sofort hinabsteige. Ich meinerseits verlangte, daß sie mir mitteilen, was ich mit der Zeder machen sollte. Sie sagten es nicht, ich ahnte aber, daß sie das wußten. Der Großvater wollte mich mit List herunterlocken. Er versprach mir seine Hilfe bei der Kontaktaufnahme mit einer Frau, der ich gern helfen wollte. Früher hatte er sich nur geärgert, daß ich so viel Zeit für sie verwendete und die anderen Sachen vernachlässigte. Ich wußte aber, daß er mir nicht helfen konnte, denn auch dem Urgroßvater, der das schon zweimal heimlich versucht hatte, gelang das nicht. Nun ärgerte sich der Großvater sehr, packte einen Stock, lief um die Zeder, schlug sie damit zornig und schrie, ich sei die törichtste in der Familie, meine Handlungen wären bar jeder Logik, ich folgte den guten Ratschlägen nie und es bliebe ihm nur das einzige Erziehungsmittel, mir das Hinterteil zu verhauen. Bei diesen Worten begann er wütend mit dem Stock in die Luft zu schlagen. Was fiel ihm ein? Der Urgroßvater mußte lachen. Ich mußte auch laut lachen und brach dabei zufällig einen Zweig am Wipfel ab. Sofort strömte eine Strahlung daraus hervor. Da hörte ich die Stimme des Urgroßvaters, eine ernsthafte, strenge und zugleich bittende Stimme: „Berühre jetzt nichts mehr, mein Kind. Steig herunter, aber bitte vorsichtig. Du hast alles Nötige getan." Ich stieg folgsam hinunter. Der Urgroßvater umarmte mich und zeigte zitternd auf die Zeder: immer mehr Zweige leuchteten auf, bis ein Strahl entstand, der nach oben gerichtet war. Der Urgroßvater erklärte, das sei genau an der Stelle, wo ich gesessen und nach oben geschrien hatte. Hätte ich diesen aus dem abgebrochenen Zweig ausgehenden Strahl berührt, wäre mein Gehirn explodiert, denn der Strahl enthalte zu viel Energie und Informationen. Auf diese Weise wären meine Eltern umgekommen.

Anastasia schwieg eine Weile. Dann setzte sie ihre Erzählung fort: Die Eltern entdeckten eine ähnlich Klingende Zeder. Jedoch machte die Mutter alles anders, denn sie wußte nicht, wie man das machen sollte. Sie kletterte auf einen kleineren daneben wachsenden Baum, zog einen unteren Zweig der Klingenden Zeder zu sich und brach ihn ab. Dabei wurde sie von der Strahlung getroffen. Der Zweig war nach unten gerichtet, und die Strahlung ging in die Erde. Es ist sehr schlecht und gefährlich, wenn so viel Energie in die Erde gelangt. Als der Vater kam, sah er diesen Strahl und die tote Mutter, die am Zweig hängengeblieben war, mit einer Hand am Zweig der einfachen Zeder festhaltend. In der anderen Hand hielt sie den abgebrochenen Zweig der Klingenden Zeder. Der Vater muß alles verstanden haben. Er kletterte auf die Klingende Zeder und erreichte ihren Wipfel. Der Großvater und Urgroßvater sahen, wie er obere Zweige brach, doch sie leuchteten nicht, dafür leuchteten immer mehr untere Zweige. Der Vater verstand, daß er bald nicht mehr herabsteigen könnte. Immer noch entstand kein Strahl, der nach oben gerichtet war. Immer mehr Zweige strahlten nach unten. Ein nach oben gerichteter Strahl entstand erst, als der Vater einen großen nach obengerichteten Zweig abgebrochen hatte. Er strahlte noch nicht, der Vater bog und richtete ihn auf sich. Als dieser aufleuchtete, konnte der Vater gerade noch die Arme von ihm lassen. Der Zweig richtete sich auf und strahlte nach oben. Es entstand eine pulsierende Aureole. Der Urgroßvater erzählte, das Gehirn des Vaters hätte im letzten Augenblick seines Lebens einen riesigen Strom von Energie und Informationen aufnehmen können. Auf eine unglaubliche Weise hätte er sein Gehirn von den enthaltenen Informationen befreit und Zeit gewonnen, um die Arme auszustrecken und den Zweig nach oben zu richten.

    Anastasia streichelte den Stamm der Zeder mit den Händen, schmiegte sich mit der Wange daran und hielt inne, mit einem Lächeln dem Klingen des Baumes lauschend.

    - Anastasia, besitzt das Öl der Zedernnüsse mehr

Heilkraft als die Holzstücke der Klingenden Zeder?

- Die gleiche, wenn man die Nüsse zur richtigen Zeit erntet und die Zeder entsprechend behandelt. Dann gibt sie selbst diese ab.

- Weißt du, wie man das macht?

- Ja, ich weiß es.

- Erzählst du es?

- Gut, ich erzähle.

Man muß die Weltauffassung ändern

Ich fragte Anastasia nach der Frau, die die Ursache für die Konflikte mit dem Großvater war. Warum konnte sie mit ihr keinen Kontakt finden und wozu braucht sie diesen Kontakt?

- Verstehst du, - begann Anastasia zu erzählen, es ist sehr wichtig, daß zwei Menschen zusammenleben und sich geistig zueinander hingezogen fühlen. Leider beginnt es meistens mit einem körperlichen Kontakt. Ein Mann sieht zum Beispiel ein hübsches Mädchen und will sie besitzen. Den Menschen und seine Seele hat er in ihr nicht gesehen. Sehr oft verbinden zwei Menschen ihr Schicksal, nur ihrer Geschlechtsneigung folgend. Diese vergeht aber bald oder gilt einem anderen Menschen. Was verbindet dann diese Menschen noch?

Einen geistig verwandten Menschen zu finden und mit ihm ein wahres Glück zu genießen ist eigentlich nicht so schwer, doch in eurer technokratischen Welt gibt es viele Hindernisse dafür. Die Frau, mit der ich einen Kontakt herzustellen suche, lebt in einer Großstadt und fährt regelmäßig an einen Ort, wahrscheinlich zur Arbeit. Dort oder unterwegs begegnet sie einem Mann, der ihr geistig nahe ist und mit dem sie glücklich sein könnte. Was besonders wichtig wäre, von ihnen würde ein Kind geboren, das viel Gutes der Welt bringen könnte, denn sie hätten es mit der gleichen Hingabe wie wir empfangen. Aber dieser Mann versucht nicht ihr Verhältnis zu klären, und die Frau ist teilweise Schuld daran. Stell dir vor: er sieht ihr Gesicht bewundernd an, für ihn ist sie die Auserwählte seiner Seele. Und sie? Sobald sie einen fremden Blick bemerkt, achtet sie auf ihre Haltung, versucht ihren Rock unmerklich höher zu heben und anderes mehr. Der Fremde bekommt sofort den Wunsch sie zu besitzen, obwohl er sie wenig oder gar nicht kennt. Dann geht dieser zu einer anderen Frau, die er besser kennt, die zugänglicher ist, um das entstandene Geschlechtsbedürfnis zu stillen.

Ich möchte dieser Frau raten, was sie machen soll, aber ich kann keinen Kontakt mit ihr aufnehmen, denn ihr Gehirn ist gesperrt für die Aufnahme neuer Informationen. Es beschäftigt sich nur mit alltäglichen Problemen. Kannst du dir vorstellen, einmal habe ich sie 24 Stunden beobachtet. Das war schrecklich! Dann tadelte mich der Großvater, daß ich mich wenig um die Kleingärtner kümmere, mich absolut nicht konzentrieren kann und mich in fremde Angelegenheiten einmische. Diese Frau erwacht morgens und statt sich über den kommenden Tag zu freuen, gilt ihr erster Gedanke dem Essen. Sie ist betrübt, wenn ein Lebensmittel fehlt oder etwas von Dingen, die sie zur Körperpflege braucht - Creme, Schminke und dergleichen. Sie denkt immer nur daran, wie sie diese Dinge kriegen kann. Sie kommt immer zu spät, ist immer in Eile und in Angst, ein Verkehrsmittel zu verpassen.

Dort, wo sie die meiste Zeit verbringt, ist ihr Gehirn ständig mit sinnlosen Dingen überlastet, so würde ich es sagen. Einerseits soll sie äußerlich sachlich wirken und ihre Aufträge tüchtig erfüllen. Gleichzeitig aber denkt sie böse an eine Freundin oder eine Bekannte und hört allen Gesprächen zu, die ringsum geführt werden. So lebt sie von Tag zu Tag wie aufgezogen.

Wenn sie nach Hause zurückkehrt und jemandem begegnet, tut sie so, als wäre sie eine glückliche Frau, in der Tat denkt sie weiter nur an Make up, sieht sich Kleider in Kaufhäusern an, vor allem solche, die ihr ermöglichen, ihre Reize zu zeigen. Sie erwartet davon ein Wunder, aber in ihrem Fall geschieht alles umgekehrt. Sie kommt nach Hause, macht die Wohnung sauber, sieht fern, im Glauben, daß sie sich erholt, kocht und denkt an etwas Gutes nur ganz kurz. Ihre Sorgen verlassen sie auch nicht im Bett. Hätte sie nur während einer Minute an etwas anderes gedacht...

- Halt, Anastasia, sag, wie soll sie deiner Meinung

nach aussehen? Was soll sie anhaben? Worüber soll sie denken, wenn dieser Mann sich neben ihr befindet? Was soll sie tun, damit er sich erklären kann?

Anastasia erzählte alles mit kleinsten Einzelheiten. Ich führe hier nur das an, was ich für wesentlich halte:

- Ein Kleid sollte etwas die Knie bedecken, ohne Ausschnitt, mit einem weißen Kragen, keine Schminke. Sie sollte interessiert einem Gesprächspartner zuhören.

- Das ist nicht viel, - bemerkte ich zu dieser einfachen Beschreibung.

Darauf erwiderte Anastasia:

- Hinter diesen einfachen Dingen verbirgt sich viel. Um dieses Kleid zu wählen, sich nicht zu schminken und mit wahrem Interesse einen Menschen anzusehen, muß man eine andere Weltauffassung haben.

Todsünde

Nun muß ich dir, Wladimir, die Bedingungen mitteilen, die du einhalten solltest, um das Geld abheben zu können, das auf deine Konten eingegangen ist.

- Sag es, Anastasia, - das ist eine angenehme Prozedur. Doch was ich gehört habe, empörte und brachte mich völlig aus dem Konzept. Soll der Leser selbst darüber urteilen.

- Um Geld von deinem Konto zu bekommen, sollst du folgende Bedingungen einhalten: vor allem drei Tage keinen Alkohol trinken. Wenn du in die Bank kommst, wird dich eine zuständige Person in Anwesenheit von mindestens zwei Augenzeugen mit Hilfe spezieller Geräte auf Alkohol prüfen. Nur wenn die erste Bedingung von dir eingehalten wurde, kannst du die zweite erfüllen. Du sollst mindestens neunmal vor der zuständigen Person in Anwesenheit von zwei Augenzeugen das Knie beugen.

Als ich den Sinn, eher die Sinnlosigkeit ihrer Worte verstand, sprang ich auf, Anastasia stand auch auf. Ich glaubte nicht richtig gehört zu haben und fragte sie:

- Werde ich zuerst auf Alkohol geprüft? Soll ich dann mindestens neunmal vor den Augenzeugen das Knie beugen? Habe ich das richtig verstanden?

- Ja, - antwortete Anastasia. Für jedes Kniebeugen kann dir ein Betrag von maximal 1 Million Rubel im heutigen Wert ausgezahlt werden. Zorn, Wut und Ärger erfaßten mich.

- Wozu hast du das gesagt? Wozu? Es war so schön bisher. Ich habe dir geglaubt. Ich habe fast geglaubt, daß du recht hast und deine Urteile logisch sind. Aber du ... Jetzt bin ich absolut überzeugt, daß du schizophren bist. Du bist töricht und geisteskrank. Mit deinen letzten Worten hast du alles zunichte gemacht. Darin sind kein Sinn und keine Logik. Jeder normale Mensch, nicht nur ich, würde das bestätigen.

- Vielleicht willst du, daß ich in deinem Buch diese Bedingungen darlege?

- Ja.

- Du bist irrsinnig. Und für die Banken wirst du auch

spezielle Verfügungen oder Erlasse schreiben?

- Nein, sie werden davon in deinem Buch lesen. Und alle werden dich so behandeln. Sonst gehen sie bankrott.

- Oh, Gott! Und ich höre diesem törichten Wesen drei Tage lang zu! Vielleicht willst du, daß der Bankchef auch zusammen mit mir in Anwesenheit von Augenzeugen die Knie beugt?

- Es wäre nicht schlecht. Das würde ihm wie dir nur gut tun. Aber an die Bankleute habe ich keine strengen Forderungen gestellt, nur an dich.

- Also, du hast nur mich auf diese Weise begünstigt? Verstehst du denn nicht, daß du mich lächerlich machst? Das ist die Liebe einer wahnsinnigen Eremitin! Aber daraus wird nichts. Keine Bank wird bereit sein, mich unter diesen Bedingungen zu bedienen. Da kannst du vergeblich deine Situationen simulieren, soviel du willst. Seht, was für eine Träumerin! Beuge selbst dein Knie, solange du willst, blöde Gans.

- Die Banken werden damit einverstanden sein. Man wird auch ohne dein Wissen deine Konten eröffnen. Aber das gilt nur für diejenigen, die ehrlich arbeiten, denen die Menschen glauben und zu denen sie kommen, - bestand Anastasia auf ihrem Plan.

Zorn und Ärger erfüllten mich immer mehr. Meine Worte wurden immer beleidigender für Anastasia.

Sie stand, mit dem Rücken an einen Baum gelehnt, mit leicht geneigtem Kopf, eine Hand auf der Brust, die andere erhoben in beschwichtigender Bewegung. Ich kannte diese Geste. Sie benutzte sie jedesmal, wenn sie

die umgebende Natur beruhigte, um mich zu schützen, und ich wußte, warum sie es jetzt machte.

Jedes kränkende oder grobe Wort traf Anastasia wie eine Peitsche und ließ ihren Körper erzittern.

Ich sprach kein Wort mehr, setzte mich ins Gras, von Anastasia abgewandt. Ich wollte mich beruhigen, zum Seeufer gehen und überhaupt nicht mehr mit ihr sprechen. Wie war ich aber erstaunt, als ich hinter mir ihre Stimme hörte, ohne eine Spur von Ärger oder Vorwurf in ihrem Ton.

- Siehst du, Wladimir, alles Schlechte, was einem Menschen passiert, zieht er sich selbst zu, wenn er die Regeln des geistigen Daseins verletzt und seine Naturverbundenheit löst. Die dunklen Kräfte versuchen ihn mit den kurzlebigen Werten eurer technokratischen Welt anzulocken und damit seine Gedanken von den einfachen Wahrheiten und Geboten der Bibel abzulenken. Oft gelingt es ihnen. Eine der Todsünden ist der Stolz. Die meisten Menschen neigen zu dieser Sünde. Jetzt will ich nicht die Schädlichkeit dieser Sünde beweisen. Wenn du nach Hause zurückkehrst und darüber nachdenkst, wirst du das selbst verstehen oder es helfen dir erleuchtete Menschen, die zu dir kommen. Jetzt sage ich dir nur eines: Die dunklen Kräfte, die den lichten Kräften widerstehen, sind jederzeit daran interessiert, diese Sünde bei den Menschen zu fördern. Eines ihrer Hauptinstrumente ist das Geld. Sie haben das Geld erfunden. Das Geld ist eine Art Zone der Hochspannung. Die dunklen Kräfte sind sehr stolz auf diese Erfindung. Sie denken sogar, daß sie stärker als die lichten Kräfte sind, weil sie das Geld erfunden haben. Seit Jahrtausenden dauert diese Konfrontation, in deren Mittelpunkt der Mensch steht. Aber ich möchte nicht, daß du zu dieser Sünde neigst. Ich weiß, die Erklärungen allein helfen hier nicht, denn auch im Verlauf von vielen Jahrtausenden konnte die Menschheit trotz aller Erklärungen kein Mittel finden, dieser Sünde zu widerstehen. Auch du hättest das nicht verstehen können. Aber ich wollte dich von der tödlichen Gefahr des geistigen Schadens retten, da habe ich mir speziell für dich eine Situation ausgedacht, bei der Mechanismus der dunklen Kräfte gleichsam gestört wird, sich umstellt und damit selbst zur Ausrottung dieser Sünde beiträgt. Darum wurden sie so wütend. Sie verliehen dir diesen Zorn und du begannst zu schreien und mich zu beleidigen. Sie wollten, daß auch ich dir böse würde, aber das tue ich nie. Ich verstand, daß ich damit den Nagel auf den Kopf getroffen habe. Es ist mir jetzt klar, daß man diesen seit Jahrtausenden tadellos funktionierenden Mechanismus stören kann. Vorläufig habe ich es nur für dich getan, aber ich werde auch für andere etwas erfinden. Was ist Schlimmes daran, daß du weniger Alkohol trinken und nicht so hochmütig und streitsüchtig sein wirst? Worüber hast du dich empört? Natürlich war es dein Stolz, der dich völlig aus dem Konzept gebracht hat.

Sie schwieg, und ich dachte: „Unglaublich, aber dieser komischen, außerordentlichen Situation wie das Kniebeugen in der Bank verleiht ihr Gehirn so einen tiefen Sinn, daß man glaubt, es müßte darin eine Logik sein. Ich muß darüber in Ruhe nachdenken." Mein Zorn Anastasia gegenüber verging, vielmehr entstand ein vages Schuldgefühl. Aber ich bat sie damals nicht um Entschuldigung, ich wandte mich nur ihr zu zum Zeichen der Versöhnung.

Ein Augenblick im Paradies

- Dein Gehirn ist schon zu erschöpft, um meine Worte wahrzunehmen. Es gibt aber so vieles, wovon ich dir noch erzählen möchte. Du mußt dich erholen. Wollen wir uns hinsetzen?

Wir setzten uns ins Gras. Anastasia umarmte mich. Mein Kopf ruhte auf ihrer warmen Brust.

- Hab keine Angst vor mir. Entspanne dich, - sagte sie leise und legte sich auf den Boden, damit ich mich bequem ausruhen konnte. Ich spürte ihre Finger in meinen Haaren, als kämmte sie diese, die Finger ihrer anderen Hand berührten schnell meine Stirn und die Schläfe. Ab und zu stach sie gleichsam mit ihren Nägeln verschiedene Teile meines Kopfes. Ich fühlte mich jetzt ruhig und erleuchtet. Anastasia legte ihre Hände auf meine Schultern und sagte: „Lausche bitte auf die Geräusche und Töne in der Umgebung".

Ich lauschte und vernahm eine Menge von Geräuschen und Tönen in verschiedener Tonalität, in verschiedenem Rhythmus und von unterschiedlicher Dauer. Ich nannte sie laut: Vogelgesang auf den Bäumen, Zirpen der Insekten im Gras, Rascheln der Bäume, Flattern der Flügel. Dann schwieg ich lauschend, und es war für mich sehr angenehm und anregend.

- Du hast nicht alles genannt, - bemerkte Anastasia.

- Doch, - erwiderte ich, - vielleicht habe ich etwas vergessen, nur etwas Unbedeutendes oder Unhörbares.

- Wladimir, hörst du denn nicht, wie mein Herz schlägt? - fragte Anastasia.

In der Tat hatte ich darauf nicht geachtet.

- Ja, - sagte ich eilig, - natürlich höre ich es, ich höre es sehr gut. Es schlägt ruhig und gleichmäßig.

- Und nun versuche, die Intervalle zwischen verschiedenen Geräuschen zu behalten. Wähle einige, die gut hörbar sind und merke sie dir.

Ich wählte das Zirpen eines Insektes, das Krächzen eines Vogels und das Murmeln des Baches.

- Jetzt beschleunige ich meinen Herzschlag. Hör zu, was in der Natur passiert.

Anastasias Herz schlug schneller, auch die Rhythmen aller Geräusche wurden schneller, ihre Töne wurden höher.

- Erstaunlich! Unglaublich! - rief ich.

- Reagieren sie etwa genau so auf den Rhythmus deines Herzens?

- Ja, absolut alle: ein dünner Grashalm, ein großer Baum, ein Insekt. Alle reagieren auf die Änderung des Rhythmus meines Herzens. Bei den Bäumen beschleunigen sich die inneren Prozesse, sie erzeugen mehr Sau-

erstoff.

- Reagieren also alle Pflanzen und Tiere, die die Menschen umgeben? - fragte ich.

- Nein. In eurer Welt wissen sie nicht, auf wen sie reagieren sollen. Ihr habt keinen Kontakt mit ihnen, ihr versteht nicht einmal die Notwendigkeit dieses Kontaktes, ihr teilt auch keine Informationen von euch mit. Das kann nur mit den Pflanzen und Menschen in kleinen Gärten geschehen, wenn die Menschen mit den Pflanzen so umgehen, wie ich es dir erzählt habe; wenn sie die Samen mit Informationen von sich versehen und bewußter mit den Pflanzen umgehen. Ich kann dir zeigen, was ein Mensch empfindet, der so einen Kontakt hat. Möchtest du das?

- Aber natürlich. Wie kannst du das machen?

- Ich werde jetzt den Rhythmus meines Herzens deinem anpassen, und du wirst es spüren.

Sie steckte ihre Hand unter mein Hemd, ihre Handfläche drückte sich leicht an meine Brust, und ihr Herz, allmählich sich angleichend, begann in meinem Rhythmus zu schlagen. Und ein Wunder geschah: ich fühlte mich ungewöhnlich wohl und geborgen, als wäre ich mit der Liebe meiner Verwandten umgeben, als wäre meine Mutter dabei, ich fühlte mich gesund und entspannt, meine Seele freute sich, mein Geist war frei und konnte nun ganz anders das Weltall wahrnehmen. Ich genoß eine ganze Palette der mich umgebenden Geräusche und Töne, die mir die Wahrheit eröffneten, die ich noch nicht völlig erkennen und nur intuitiv ahnen konnte. Alle Gefühle der Freude und Seligkeit, die ich einst in meinem Leben erfahren hatte, vereinigten sich nun zu einem schönen Gefühl, das man wohl als Glück bezeichnet.

Sobald aber Anastasia den Rhythmus ihres Herzens geändert hatte, verschwand nach und nach dieses schöne Gefühl. Ich bat Anastasia:

- Mach es noch einmal, bitte, Anastasia!
- Ich kann es nicht lange tun. Ich habe doch meinen eigenen Rhythmus.
- Nur ganz kurz, - bat ich.

Anastasia gab mir wieder für eine kurze Weile das Gefühl des Glücks, dann verging es, und nur eine angenehme Erinnerung daran lebte in mir weiter. Einige Zeit schwiegen wir, dann wollte ich Anastasias Stimme wieder hören, und ich fragte sie:

- Ist es den ersten Menschen Adam und Eva wohl ebenso gut gegangen? Man liegt, man genießt, man führt ein herrliches Leben - keine Sorgen, alles ist da. Aber es wird einem bald langweilig, wenn man nichts zu tun hat.

Statt zu antworten, fragte mich Anastasia:

- Sag, Wladimir, denken viele Menschen so wie du von dem ersten Menschen Adam?
- Bestimmt die meisten. Was hatten sie da im Paradies zu tun? Erst später begann sich der Mensch zu entwickeln und verschiedene Dinge zu erfinden. Die Arbeit schuf den Menschen. Durch die Arbeit wurde er immer klüger.
- Du hast recht, man muß arbeiten, aber der erste Mensch war unermeßlich klüger als der heutige. Auch

seine Arbeit war bedeutender und verlangte von ihm mehr Verstand, Verantwortungsgefühl und Willensstärke.

- Was hat denn Adam im Paradies getan? Den Garten bearbeitet? Heutzutage kann das jeder Kleingärtner, abgesehen von den Wissenschaftlern, die sich mit der Pflanzenzucht beschäftigen. In der Bibel steht auch nichts weiter von Adams Tätigkeit geschrieben.

- Wäre alles in der Bibel ausführlich beschrieben, bräuchte man ein Menschenleben, um sie lesen zu können. Die Bibel muß man verstehen. Jede ihre Zeilen enthält einen riesigen Informationsumfang. Willst du wissen, was Adam gemacht hat? Ich werde es dir erzählen. Aber denk zuerst an folgendes: nämlich in der Bibel steht, daß Gott Adam damit beauftragte, allem auf der Erde Geschaffenen einen Namen zu geben und deren Zweckbestimmung festzulegen. Und Adam hat es getan. Er hat das getan, was bis heute alle Wissenschaftler der ganzen Welt nicht erkannt haben.

- Anastasia, rufst du selbst Gott an? Bittest du ihn um etwas?

- Worum kann ich ihn denn bitten, wenn mir ohnehin so viel gegeben ist? Ich muß ihm nur danken und ihm helfen.

Wer wird den Sohn erziehen?

Unterwegs, als Anastasia mich zum Kutter begleitete, setzten wir uns hin, um uns auszuruhen, gerade an der Stelle, wo sie ihre Kleidung gelassen hatte, und ich fragte sie:

- Anastasia, wie werden wir unseren Sohn erziehen?
- Wladimir, du mußt doch zugeben, du bist noch nicht bereit, ihn zu erziehen. Und wenn seine Augen zum ersten Mal diese Welt bewußt ansehen, sollst du nicht dabei sein.

Ich packte sie an den Schultern und schüttelte sie:
- Was sagst du? Was erlaubst du dir? Woraus ziehst du deine merkwürdigen Schlußfolgerungen? Übrigens, wenn schon die Tatsache deiner Existenz unglaublich ist, gibt sie dir kein Recht, alles selbst zu entscheiden, entgegen aller Logik.
- Beruhige dich bitte, Wladimir. Ich weiß nicht, was du unter Logik verstehst, aber versuch alles ruhig zu überdenken.
- Was soll ich überdenken? Das ist nicht nur dein Kind, das ist auch mein Kind, und ich will, daß es einen Vater hat, ich will, daß es alles hat und eine gute Bildung bekommen kann.
- Du mußt verstehen, das Kind braucht deine materiellen Werte nicht. Sie sind nur für dich wertvoll. Das Kind wird alles von vornherein haben. Bereits als

Säugling bekommt und eignet es sich so viel Informationen an, daß die Bildung, die du meinst, lächerlich sein wird. Es würde ebenso sein, wie wenn man einen großen Mathematiker in der ersten Klasse lernen ließe. Du hast den Wunsch, dem Kind eine Klapper zu geben. Aber es braucht sie gar nicht. Du brauchst sie für deine Selbstbestätigung: „Wie gütig und sorgsam bin ich". Wenn du denkst, daß du etwas Gutes getan hast, indem du ein Auto für den Sohn gekauft hast oder etwas anderes, was bei euch als wertvoll gilt, so braucht er das auch nicht. Wenn er sich etwas wünscht, kann er es selbst bekommen. Denk darüber nach: was kannst du persönlich deinem Sohn anbieten? Was kannst du ihm beibringen? Was hast du in deinem Leben getan, um ihn für dich zu interessieren?

Sie sprach weiter mit ihrer sanftmütigen, ruhigen Stimme, doch ihre Worte brachten mich zur Verzweiflung und ließen mich vor Wut zittern.

- Du mußt verstehen, wenn er das Weltall bewußt erkennen wird, wirkst du neben ihm wie ein unterentwickeltes Wesen. Willst du denn, daß dein Sohn dich für einen Dummkopf hält? Das Einzige, was euch zueinander führen kann, ist die Reinheit der Absichten, aber nur wenige in eurer Welt können diese Stufe erreichen.

Ich sah ein, daß es keinen Sinn hat, mit ihr zu diskutieren, und rief verzweifelt:

- Wird er also nie von mir erfahren?
- Ich werde ihm von dir und von eurer Welt erzäh-

len, wenn er fähig sein wird, alles bewußt zu erkennen und Entscheidungen zu treffen. Was er dann tun wird, weiß ich nicht.

Verzweiflung, Schmerz und Enttäuschung erfaßten mich. Und dann kam ein ungeheurer Gedanke. Ich war ganz durcheinander. Ich wollte ihr mit ihrem schönen intellektuellen Gesicht mit aller Kraft eine Ohrfeige geben. Nun verstand ich alles. Mir stockte der Atem, als ich das verstand.

- Alles ist klar. Jetzt ist alles klar. Du hattest hier niemanden, mit dem du Sex haben und ein Kind kriegen konntest. Du bist eine Intrigantin. Zuerst hast du dich geziert und eine Nonne gespielt. Aber du brauchtest ein Kind. Du warst ja in Moskau und verkauftest dort Pilze und Beeren. Du hättest dort auf die Straße gehen und dich anbieten können. Hättest du deine Wattejacke ausgezogen und dein Kopftuch abgenommen, hätte man sofort angebissen. Dann hättest du mir nicht etwas vormachen müssen, um mich zu verführen. Sicher hast du einen Mann dazu gebraucht, der von einem Sohn träumte. Du hast es geschafft. Aber hast du an das Kind gedacht, dem beschieden ist, als Eremit zu leben, so zu leben, wie du es richtig findest? Dabei philosophierst du über die Wahrheit. Du bist sehr eingebildet, Eremitin. Bist du etwa die Wahrheit in der letzten Instanz? Hast du an mich gedacht? Ja, ich habe von einem Sohn geträumt. Ich habe geträumt, ihm mein Unternehmen zu übergeben, ihm Geschäftskenntnisse beizubringen. Ich wollte ihn lieben. Und nun? Wie kann ich jetzt leben, wenn ich weiß, daß mein kleiner Sohn

irgendwo in der weiten Taiga hilflos herumkriecht? Ohne Zukunft, ohne Vater. Da kann einem das Herz brechen. Du bist nicht imstande, das zu verstehen, du, Waldweibchen.

- Vielleicht wird deine Seele klüger und alles wird noch gut werden. Dieser Schmerz wird deine Seele reinigen und deine Denkkraft fördern... - sprach Anastasia leise.

Mich erfaßte eine richtige Wut, so daß ich mich nicht mehr beherrschen konnte. Ich packte einen Ast, lief von Anastasia weg und schlug mit aller Kraft einen kleinen Baum, bis der Ast zerbrach.

Dann wendete ich mich Anastasia zu und ... Sobald ich sie sah, begann mein Zorn zu vergehen. Ich dachte: Wieder ist mir das passiert. Wieder habe ich mich nicht zurückgehalten und getobt. Wie beim vorigen Mal, als ich sie beschimpft habe.

Sie stand, an einen Baum gelehnt, eine Hand erhoben, mit geneigtem Kopf, als versuchte sie, einem Orkan zu widerstehen.

Ich empfand nun keinen Zorn mehr. Ich kam näher zu ihr und sah sie an. Ihre Hände waren an die Brust gedrückt, ihr Körper zitterte leicht. Sie schwieg und sah mich gütig und zärtlich an. So standen wir einige Zeit und sahen uns an. Ich überlegte. Ohne Zweifel kann sie nicht lügen. Sie hätte mir nichts sagen können. Sie wußte, daß es ihr dann schlecht gehen würde. Doch sie sagte es. Natürlich ist es übertrieben. Man kann nicht leben, wenn man nur die Wahrheit spricht, nur das, was man denkt. Aber da kann man nichts machen. Sie ist eben so, und sie kann nicht anders sein. Es geschah, was geschehen sollte. Und was geschehen ist, ist nicht rückgängig zu machen. Also, sie wird die Mutter meines Kindes. Sie wird Mutter, wenn sie es so beschlossen hat. Sicher wird sie eine merkwürdige Mutter sein. Merkwürdig ist ihre Lebensweise, merkwürdig ist auch ihre Denkweise. Da ist nichts zu machen. Dafür ist sie körperlich sehr stark. Sie ist herzlich. Sie kennt die Natur und die Tiere gut. Sie ist sehr klug, obwohl ihr Verstand sehr eigenartig ist. Sie weiß Bescheid in der Kindererziehung. Sie sprach immer gern von den Kindern. So eine wie sie wird das Kind großziehen können. Auch die Kälte und den Schneesturm kann sie aushalten. Sie wird das Kind pflegen und erziehen können. Ich muß mich mit dieser Situation abfinden. Ich kann zu ihnen im Sommer auf Urlaub kommen. Im Winter ist es unmöglich für mich. Ich werde die Kälte nicht aushalten. Und im Sommer werde ich mit dem Sohn spielen. Wenn er größer wird, erzähle ich ihm über die Menschen die in Großstädten leben.

Ich wollte Anastasia irgendwie um Entschuldigung bitten und sagte:

- Entschuldige, ich war wieder durcheinander.

Sie sprach sofort:

- Du bist nicht schuld daran. Mach dir keine Sorgen und sei nicht traurig deswegen. Du hast dir Gedanken über deinen Sohn gemacht. Du warst darum besorgt, daß die Mutter deines Sohnes, ein einfaches Weibchen, dem Kind keine richtige menschliche Liebe geben kann. Bitte hab keine Sorge, keine traurigen Gedanken! Du hast das gesagt, weil du keine Ahnung von meiner Liebe hattest, mein Geliebter.

Nach einer Weile

- Anastasia, wenn du so klug und allmächtig bist, könntest du also auch mir helfen?

Sie sah zum Himmel, dann mich an.

- Im Weltall gibt es kein Wesen, das sich so entwikkeln könnte und so viel Freiheit hätte wie der Mensch. Alle anderen Zivilisationen verehren den Menschen. Die anderen Zivilisationen besitzen die Fähigkeit, sich nur in eine Richtung zu entwickeln und zu vervollkommnen. Dabei sind sie nicht frei. Die Größe des Menschen ist unzugänglich für ihren Verstand. Gott, der höchste Verstand, hat den Menschen geschaffen und ihn am meisten begünstigt.

Ich konnte ihre Worte, das heißt den Sinn ihrer Worte nicht verstehen und wiederholte meine Frage und meine Bitte um Hilfe, ohne selbst zu wissen, was ich von ihr wollte.

Sie fragte:

- Was meinst du? Willst du, daß ich alle deine Krankheiten heile? Das ist einfach für mich. Ich habe das schon vor einem halben Jahr getan. Aber das hat dir keinen Nutzen gebracht. Das Schädliche und Dunkle, was allen Menschen eurer Welt eigen ist, hat in dir nicht abgenommen. Verschiedene Mängel treten bei dir immer wieder auf. „Eine Hexe, eine irrsinnige Eremitin, man muß sich schnell aus dem Staub machen", - so hast du jetzt gedacht, nicht wahr?

- Ja, - antwortete ich erstaunt. Genau das habe ich in diesem Moment gedacht.

- Liest du meine Gedanken?

- Ich vermute, was du denken kannst. Das steht in deinem Gesicht geschrieben. Sag, Wladimir, erinnerst du dich gar nicht an mich?

Diese Frage verwirrte mich. Ich musterte aufmerksam ihr Gesicht, und die Augen. Ich glaubte, ihre Augen einmal gesehen zu haben, aber wo?

- Anastasia, du hast doch gesagt, daß du ständig im Wald lebst. Wie konnte ich dich irgendwo sehen?

Sie lächelte und lief fort ins Gebüsch. Nach einiger Zeit kam sie wieder heraus. Sie trug einen langen Rock, eine zugeknöpfte braune Wolljacke und ein Kopftuch, so daß ihre Haare nicht zu sehen waren. Sie hatte jetzt keine Wattejacke an wie bei unserer Begegnung am Ufer. Das Tuch war diesmal auch anders umgebunden. Die Kleidung war sauber, aber altmodisch. Das Tuch bedeckte die Stirn und den Hals. Und nun erinnerte ich mich an sie.

Ein seltsames Mädchen

Im vorigen Jahr legte unser Schiff eines Tages an einem Dorf an. Wir wollten nicht weit von hier Fleisch für die Küche kaufen und einen langen Aufenthalt machen, um nicht in der Nacht einen gefährlichen Wegabschnitt (auf manchen Abschnitten brennen keine Lichter) zu fahren, der 60 Kilometer weiter begann. Um die Zeit nicht vergeblich verstreichen zu lassen, wurde durch Lautsprecher und im örtlichen Radio bekanntgegeben, daß auf dem Schiff ein Kulturabend stattfindet. Ein weißes Schiff am Ufer, im Glanz zahlreicher Lichter und Musik zog immer einheimische Jugendliche an. Auch diesmal versammelte sich fast die ganze junge Generation des Dorfes am Steg des Schiffes. Wenn man zum ersten Mal das Deck betrat, machte man einen Rundgang durch das Schiff, um sich alles anzusehen. Nachdem man das Haupt-, das Mittlere- und das Obere- Deck besucht hatte, konzentrierte man sich auf die Bar und das Restaurant. Die Frauen tanzten in der Regel, die Männer tranken Bier. Eine festliche Atmosphäre auf dem Schiff, Musik und alkoholische Getränke erregten die Jugendlichen. Manchmal verursachte das Probleme für die Besatzung. Fast immer reichte die Zeit nicht aus, und man bat die Administration, den Aufenthalt mindestens um eine halbe Stunde zu verlängern, und so wiederholte es sich mehrmals.

An jenem Abend war ich in meiner Kajüte allein, hörte die im Restaurant gespielte Musik und versuchte unseren Fahrplan zu korrigieren. Plötzlich spürte ich, daß jemand mich anstarrte. Ich wendete mich zum Fenster und sah hinter dem Fensterglas ihre Augen. Das war nichts Besonderes. Die Besucher sahen sich mit Interesse die Kajüten an. Ich stand auf und öffnete das Fenster. Sie blieb stehen und sah mich verlegen an. Ich empfand den Wunsch, für diese einsam stehende Frau etwas zu tun. Ich dachte: Warum tanzt sie nicht wie die anderen, vielleicht ist ihr etwas Böses passiert? Ich bot ihr an, das Schiff zu zeigen. Sie nickte schweigend. Ich führte sie durch das Schiff, zeigte ihr die Geschäftsräume, die Besucher durch ihre elegante Einrichtung überraschten: Teppiche auf dem Fußboden, Ledermöbel und Computer. Dann lud ich sie in meine Kajüte ein. Sie bestand aus einem Schlafzimmer, das gleichzeitig mein Arbeitszimmer war, und einem Salon, mit schönen Teppichen ausgelegt und mit herrlichen Möbeln eingerichtet. Auch ein Fernseher und ein Videogerät waren da. Wahrscheinlich machte es mir damals Spaß, ein eingeschüchtertes Dorfmädchen mit allen Attributen des zivilisierten Lebens zu beeindrucken. Ich öffnete eine Pralinenschachtel, schenkte Sekt in zwei Sektgläser ein, und um sie mit diesem Luxus völlig zu überwältigen, spielte ich eine Videokassette, wo Wika Zyganowa das Lied „Liebe und Tod" sang. Darauf waren auch andere Lieder von meinen Lieblingssängern ausgeführt. Sie nippte nur am Sektglas, sah mich an und fragte:

- Viele Schwierigkeiten, nicht wahr?

Das überraschte mich, das hatte ich von ihr gar nicht erwartet. Ja, die Situation für die Schiffahrt auf dem

Fluß war in der Tat sehr schwierig, außerdem gab es unter der Besatzung Angehörige einer Schiffahrtsschule, die drogensüchtig waren und ab und zu etwas im Laden klauten. Wir konnten nicht immer unserem Fahrplan folgen und rechtzeitig in den Orten ankommen, in denen unsere Ankunft im voraus angekündigt worden war. Die Last dieser und anderer Sorgen ermöglichte mir nicht, in Ruhe Uferlandschaften zu bewundern und mich auszuschlafen. Ich sagte etwas Belangloses, etwa „Macht nichts, es klappt irgendwie", kam zum Fenster und trank Sekt. Wir sprachen dann über etwas und hörten uns die Videokassette an. So sprachen wir, bis der Ausflug zu Ende war und das Schiff anlegte. Dann brachte ich sie zum Steg. Auf dem Rückweg zu meiner Kajüte dachte ich: etwas Seltsames und Ungewöhnliches hatte diese Frau an sich, der Umgang mit ihr hinterließ ein gutes Gefühl von Leichtigkeit und Erleuchtung. In dieser Nacht habe ich mich zum ersten Mal seit vielen Tagen gut ausgeruht.

- Also, du warst es, Anastasia?

Ja, dort in deine Kajüte hatte ich auch alle Lieder behalten, die ich dann im Wald sang. Ich hörte sie, solange wir sprachen. Siehst du, das ist sehr einfach.

- Wie bist du auf das Schiff gekommen?

- Ich war neugierig, zu sehen, wie es bei euch hier zugeht, wie ihr lebt. Ich habe mich sonst nur mit Kleingärtnern beschäftigt. Ich kam also ins Dorf, verkaufte trockene Pilze, die Eichhörnchen gesammelt haben und kaufte mir eine Ausflugskarte. Jetzt weiß ich viel von den Menschen, die ihr Unternehmer nennt.

Und dich kenne ich auch sehr gut. Ich bin sehr schuldig vor dir. Ich wußte nicht, daß es so geschieht, daß ich so stark dein Leben beeinflussen werde, aber ich kann daran nichts ändern, denn SIE begannen schon diesen Plan zu verwirklichen, SIE, die nur Gott untergeordnet sind. Einige Zeit mußt du und deine Familie viele Schwierigkeiten überwinden, dann vergeht das.

Ohne ihre Worte richtig zu verstehen, ahnte ich, daß ich jetzt etwas Außerordentliches von unserem Dasein erfahre, was außerhalb unserer Vorstellungen liegt, und daß dieses etwas mich persönlich betreffen wird. Ich bat Anastasia ausführlicher davon zu erzählen, was sie meinte. Während ich ihr zuhörte, konnte ich nicht vermuten, wie genau das Vorausgesagte sich verwirklichen wird. Mit ihrer Erzählung versetzte mich Anastasia in die Zeit vor einem Jahr.

- Damals hast du mir alles auf dem Schiff, auch deine Kajüte gezeigt, du hast mir Pralinen und Sekt angeboten und mich dann zum Steg gebracht. Ich verließ das Ufer aber nicht sofort. Ich stand neben einem Gebüsch und sah durch die Fenster der Bar, wie die Jugendlichen tanzten und sich unterhielten. Du hast mir alles gezeigt, nur in die Bar hast du mich nicht geführt. Ich ahnte, warum. Ich trug keine passende Kleidung, eine altmodische Jacke, einen langen Rock, meinen Kopf bedeckte ein Tuch. Das Tuch hätte ich abnehmen können. Die Jacke war sauber, den Rock hatte ich mit den Händen glatt gemacht, bevor ich zu euch ging.

In der Tat brachte ich Anastasia nicht in die Bar wegen ihrer seltsamen Kleidung, unter der, wie es sich später erwies, das junge Mädchen eine blendende Schönheit verbarg, die sie vor allen anderen stark auszeichnete. Ich sagte ihr:

- Was hattest du in der Bar zu suchen? Hättest du dort in deinen Gummistiefeln getanzt? Kannst du die Tänze der modernen Jugend tanzen?

- Damals habe ich keine Gummistiefel getragen. Als ich die Pilze bei einer Frau gegen Geld tauschte, bekam ich bei ihr auch ein Paar Damenschuhe, sie waren alt und eng, ich habe sie mit Gras geputzt. Was die Tänze angeht, so brauche ich nur einmal zu sehen, wie man das macht. Und dann tanze ich und wie!

- Hast du es mir damals übel genommen?

- Nein. Nur wenn du mit mir in die Bar gegangen wärest, hätten sich die Ereignisse anders entwickelt. Ich weiß nicht, ob es gut oder schlecht gewesen wäre, aber was jetzt geschah, wäre nicht geschehen. Nein, ich bedauere das nicht. Geschehen ist geschehen.

- Was ist denn geschehen? Was ist Schlimmes geschehen?

- Nachdem du mich zum Steg begleitet hattest, kehrtest du nicht gleich in deine Kajüte zurück. Du hast den Kapitän abgeholt, und ihr seid zusammen in die Bar gegangen. Für euch war das eine gewöhnliche Sache. Eure Erscheinung hat Eindruck auf die Gäste gemacht. Der stattliche Kapitän in seiner Uniform und du, elegant und würdevoll, der allen Einwohnern der Küste bekannte Wladimir Megre, Besitzer der für sie ungewöhnlichen Luxusschiffe. Ihr beide habt gut verstanden, daß ihr einen Eindruck macht. Ihr habt euch an

einen Tisch zu drei jungen Mädchen aus dem Dorf gesetzt. Die Mädchen waren 18 Jahre alt. Sie hatten erst die Schule absolviert. Für euch wurden sofort Sekt, Pralinen und neue, schönere Gläser gebracht. Du hast ein Mädchen an die Hand genommen, sich zu ihr geneigt und ihr etwas ins Ohr geflüstert. Ich weiß, das nennt man bei euch „Komplimente". Dann hast du mit ihr getanzt und die ganze Zeit lebhaft gesprochen. Die Augen des Mädchens strahlten, sie fühlte sich gleichsam in eine andere, märchenhafte Welt versetzt. Du hast sie auf das Deck geführt, das Schiff gezeigt, wie mir vorher, dann in die Kajüte eingeladen und auch wie mich mit Sekt und Pralinen bewirtet. Doch du warst mit ihr anders als mit mir. Du warst heiter. Mit mir warst du ernsthaft und sogar traurig und mit ihr heiter. Ich sah das durch die erleuchteten Fenster deiner Kajüte und hatte den Wunsch, anstelle dieses Mädchens bei dir zu sein.

- Warst du etwa eifersüchtig, Anastasia?
- Ich weiß nicht, ich hatte ein nie gekanntes Gefühl.

Ich erinnerte mich an diesen Abend und an die jungen Dorfmädchen, die sich bemühten, älter und moderner zu wirken. Am Morgen lachte ich mit dem Kapitän des Schiffes Alexander Sentschenko noch einmal über ihr Verhalten in der Nacht. Damals verstand ich, daß das Mädchen in meiner Kajüte bereit gewesen war, sich mir hinzugeben, aber auch in Gedanken war ich weit davon, sie zu beherrschen. Jetzt erzählte ich Anastasia davon, und sie erwiderte mir:

- Du hast doch ihr Herz beherrscht. Ihr seid auf das

Deck gegangen. Es hat genieselt und du hast dem Mädchen deine Jacke um die Schulter gelegt, dann hast du sie wieder in die Bar geführt.

- Hast du die ganze Zeit im Regen im Gebüsch gestanden?

- Das machte nichts. Der Regen war schön warm. Er störte nur beim Zusehen. Ich wollte auch nicht, daß der Rock und das Kopftuch naß werden, denn sie sind von meiner Mutter. Aber ich hatte Glück. Am Ufer hatte ich eine Zellophantüte gefunden, und so legte ich den Rock und das Tuch hinein und steckte sie unter meine Jacke.

- Anastasia, warum bist du nicht aufs Schiff zurückgekommen, wenn du sowieso geblieben bist und es geregnet hat?

- Ich konnte es nicht. Du hattest dich von mir verabschiedet und hattest anderes zu tun. Der Abend sollte auch bald zu Ende sein. Als das Schiff ausfahren sollte, habt ihr auf Bitte der Mädchen, vor allem des Mädchens, das mit dir war, den Aufenthalt des Schiffes verlängert. Alles war in eurer Macht, auch die Herzen der Mädchen, und ihr habt diese Macht genossen. Die einheimischen Jugendlichen waren den Mädchen dankbar, und diese fühlten sich durch euch auch erhoben. Sie hatten die jungen Männer, ihre Schulfreunde, die auch in der Bar waren, völlig vergessen. Du und der Kapitän haben die Mädchen bis zum Steg begleitet. Dann bist du in deine Kajüte gegangen. Der Kapitän hat sich ans Steuer gestellt, das Schiff hupte und legte langsam vom Ufer ab. Das Mädchen, mit dem du getanzt hattest, stand am Ufer in der Menge ihrer Freundinnen und der einheimischen Jugendlichen, die dem fahrenden Schiff nachwinkten. Ihr Herz schlug so stark, als wollte es sich aus der Brust reißen und fortfliegen, ihre Gedanken und Gefühle waren ganz durcheinander. Hinter ihrem Rücken waren die schwarzen Umrisse der im Dunkeln stehenden Dorfhäuser zu sehen und vor ihr fuhr das weiße Schiff für immer fort, mit zahlreichen Lichtern erleuchtet, freigebig Musik über das Wasser und die Nachtküste verbreitend, und auf dem Schiff warst du, der ihr so viele schöne, von ihr nie gehörte, berauschende und verlockende Worte gesagt hatte. Das alles entfernte sich von ihr langsam und für immer. Da entschloß sie sich, ballte ihre Fäustchen und rief verzweifelt: „Ich liebe dich, Wladimir!" und dann noch mehrmals. Hast du ihre Rufe gehört?

- Ja, - sagte ich.

- Es war unmöglich, sie zu überhören. Auch die Leute deiner Besatzung hörten sie. Manche kamen auf das Deck und lachten über das Mädchen. Ich wollte nicht, daß sie über sie lachen, und als hätten sie es erkannt, hörten sie auf damit. Aber du bist nicht auf das Deck gekommen. Das Schiff entfernte sich immer weiter. Sie dachte, daß du sie nicht hörst und rief weiter: „Ich liebe dich, Wladimir!" Dann halfen ihr ihre Freundinnen, sie riefen im Chor. Ich war neugierig, zu erfahren, was für ein Gefühl die Liebe ist, weswegen die Menschen sich nicht beherrschen können. Ich wollte auch dem Mädchen helfen. So rief ich auch: „Ich liebe dich, Wladimir!" In diesem Moment hatte ich vergessen, daß ich

Worte so einfach nicht sprechen kann. Sie sollen unbedingt Gefühle, bewußte Glaubwürdigkeit der Naturinformationen enthalten. Jetzt weiß ich, wie stark dieses Gefühl ist, es ist auch dem Verstand nicht untergeordnet. Jenes Dorfmädchen begann dahinzusiechen und Alkohol zu trinken. Nur mit Mühe konnte ich sie retten. Jetzt ist sie verheiratet und mit Alltagsproblemen beschäftigt. Und ihre Liebe wurde ein Teil meiner Liebe.

Die Geschichte mit dem Mädchen bewegte mich schon, denn Anastasias Erzählung frischte alle Einzelheiten jenes Abends in meinem Gedächtnis auf. Alles war genau so geschehen, wie sie es erzählte. Das war realistisch. Die eigenartige Liebeserklärung Anastasias machte damals keinen Eindruck auf mich. Als ich ihre Lebensweise und ihre Weltauffassung näher kennengelernt hatte, kam sie mir wie ein unreales Wesen vor, obwohl sie neben mir saß und ich sie jederzeit berühren konnte. Mein Bewußtsein, an bestimmte Kriterien gewöhnt, wollte sie nicht als etwas Reales wahrnehmen. Wenn ich mich am Anfang unserer Bekanntschaft zu ihr hingezogen fühlte, so ließ sie mich jetzt völlig kalt. Ich fragte:

- Du meinst also, daß deine neuen Gefühle zufällig entstanden sind?

- Sie waren gewünscht, - erwiderte Anastasia, - sie tun mir gut, aber ich wollte auch von dir geliebt werden. Ich hatte gewußt, daß du nach einer näheren Bekanntschaft mit mir und meiner Welt mich nicht mehr als einen gewöhnlichen Menschen wahrnehmen wirst, vielleicht auch Angst vor mir haben wirst. Ich bin selbst daran schuld. Ich habe viele Fehler begangen. Ich war immer nervös, beeilte mich und konnte dir nichts richtig erklären. Es ist so dumm, nicht wahr? Ich müßte besser werden.

Bei diesen Worten lächelte sie etwas traurig, berührte mit der Hand ihre Brust, und ich erinnerte mich sofort an einen Vorfall, der an einem Morgen meines Aufenthaltes bei Anastasia geschehen war.

Käferchen

An jenem Morgen wollte ich mit ihr alle Morgenprozeduren machen. Zuerst ging es gut. Ich stand einige Zeit unter einem Baum und berührte junge Triebe. Sie erzählte mir über Pflanzen, dann legte ich mich neben sie ins Gras. Wir waren völlig nackt, doch mir war nicht kalt, vielleicht weil ich mit ihr durch den Wald gelaufen war. Die Stimmung war herrlich, ich empfand eine ungewöhnliche Leichtigkeit nicht nur im Körper, sondern auch in der Seele. Der Ärger begann damit, daß ich ein Brennen an einer Hüfte spürte. Ich hob den Kopf und sah auf meiner Hüfte und auf einem Bein irgendwelche Insekten, Ameisen und Käferchen. Ich war schon im Begriff, sie mit der Hand zu töten, doch schaffte ich es nicht. Anastasia packte meine Hand und hielt sie fest. „Laß sie!" - sagte sie. Dann kniete sie sich hin und drückte meine andere Hand auch auf die Erde. Ich lag gleichsam gekreuzigt. Ich wollte meine Hand losmachen, doch das war unmöglich. Ich riß mich mit aller Kraft los, doch sie hielt mich fest, ohne sich besonders anzustrengen. Dabei lächelte sie noch. Ich spürte, daß immer mehr Käferchen auf meinen Körper krochen, sie kitzelten und bissen mich, meine Haut brannte. So kam ich nur zu dem Schluß, daß sie mich fressen wollten. Ich war in Anastasias Händen, unmittelbar und im übertragenen Sinne und schätzte die Situation realistisch ein: niemand wußte, wo ich war, niemand konnte hierher kommen, und wenn einmal jemand käme, würde er nur meine abgenagten Knochen finden. Vielleicht würde es auch sie nicht mehr geben. Viele andere Gedanken entstanden in diesem Augenblick in meinem Gehirn, und meinem Selbsterhaltungstrieb folgend sah ich nur einen einzig möglichen Ausweg. Mit aller Kraft und Verzweiflung verbiß ich mich mit den Zähnen in die nackte Brust Anastasias und schüttelte noch den Kopf hin und her. Ich ließ die Zähne los, sobald sie aufschrie. Anastasia lockerte ihren Griff, sprang auf, eine Hand an die Brust gedrückt, mit der anderen nach oben winkend und bemühte sich dabei zu lächeln. Ich sprang auch auf und rief ihr zu, die Insekten von mir fieberhaft abschüttelnd:

- Du wolltest mich diesen Scheusalen zu fressen geben, Waldhexe, das lasse ich mir nicht gefallen!

Anastasia gab der Natur einen Wink und lächelte mühsam weiter, dann sah sie mich schweigend an und ging langsam mit hängendem Kopf zum See. Sonst lief sie immer. Ich stand und überlegte, was ich weiter machen sollte. Soll ich zum Fluß zurückkehren? Aber wie

werde ich den Weg finden? Soll ich Anastasia folgen, aber wozu? Endlich ging ich doch zum Seeufer. Anastasia saß am Ufer, hielt in den Händen ein Kraut und rieb sich den Saft in die Brust, auf der ein großer blauer Fleck durch meinen Biß entstanden war. Eine Weile stand ich neben ihr und trat schweigend von einem Fuß auf den anderen. Dann fragte ich:
- Tut es weh?
Ohne sich zu mir zu wenden, antwortete sie:
- Es kränkt mich eher.
Sie rieb sich weiter den Saft in die Brust.
- Was ist dir eingefallen, treibst du mit mir etwa Spaß?
- Ich wollte dir helfen. Die Poren deiner Haut sind verstopft. Sie atmen nicht. Und die Käferchen hätten sie gereinigt. Es tut nicht weh, es ist eher angenehm.
- Und die Schlange? Sie hätte mich fast in ein Bein gebissen.
- Sie hätte dir nichts Böses getan. Hätte sie ein bißchen Gift gespritzt, wäre es nur oberflächlich gewesen und ich hätte es sofort in deine Fersen eingerieben. Die Haut und die Muskeln sind dort gefühllos.
- Das kommt von einem Unfall. Einige Zeit schwiegen wir. Da ich nicht wußte, wovon ich mit ihr reden sollte, fragte ich:
- Warum hat dir jemand, der unsichtbar ist, diesmal nicht geholfen, wie voriges Mal, als ich ohnmächtig geworden war?
- Weil ich gelacht habe, auch wenn du mich gebissen hast.

Ich fühlte mich peinlich berührt, packte ein Büschel Gras, rieb es in meinen Handflächen, kniete mich hin und begann mit feuchten Händen den blauen Fleck zu massieren.

Träume sind das Entwerfen der Zukunft

Erst jetzt, da ich von ihren Gefühlen wußte sowie von ihrem Wunsch, zu beweisen, daß sie trotz ihrer ungewöhnlichen Fähigkeiten doch ein normaler Mensch ist, sah ich ein, welchen Schmerz ich ihr an jenem Morgen zugefügt hatte. Ich bat sie noch einmal um Verzeihung. Anastasia antwortete, daß sie mir nicht böse sei, sondern um mich besorgt wäre, denn sie hätte vieles in Gang gebracht, was mich anging.

- Was Schlimmes hast du denn angestellt? - fragte ich und hörte noch eine Geschichte. Ein normaler Mensch, einer von den Menschen unserer Welt, der für normal gehalten werden will, würde diese Geschichte kaum ernsthaft erzählen.

- Als das Schiff abgefahren war und die einheimischen Jugendlichen ins Dorf gegangen waren, - erzählte Anastasia, - blieb ich noch einige Zeit allein am Ufer. Es war mir wohl zumute. Dann lief ich in meinen Wald. Der Tag verging wie gewöhnlich, und am Abend, als die Sterne sichtbar wurden, legte ich mich ins Gras und träumte. Damals entstand gerade dieser Plan.

- Was für ein Plan?

- Siehst du, was ich weiß, wissen auch verschiedene Menschen deiner Welt, aber jeder nur einen Teil. Alle zusammen wissen sie fast alles, doch sie verstehen den Naturmechanismus nicht ganz. Ich träumte davon, daß du in eine Großstadt kommen und von mir und meinen Überlegungen vielen Menschen mitteilen wirst. Du wirst das mit den üblichen Mitteln machen, die man bei euch benutzt, um Informationen zu übermitteln. Du wirst ein Buch schreiben. Viele Menschen werden es lesen und die Wahrheit erkennen. Dann werden sie seltener erkranken, sie lernen mit den Kindern anders umgehen und erarbeiten neue Methoden für ihre Bildung. Die Menschen werden sich mehr lieben, und die Erde wird mehr lichte Energie ausstrahlen. Künstler werden meine Portraits malen, und das werden ihre besten Werke sein. Ich bemühe mich, sie zu inspirieren. Man wird einen Film von mir machen, und das wird der schönste Film sein. Du wirst dir alles ansehen und dich an mich erinnern. Wissenschaftler die zu dir kommen, werden meine Worte verstehen und richtig beurteilen. Ihnen wirst du mehr glauben als mir. So wirst du verstehen, daß ich keine Hexe bin, sondern ein Mensch, der nur mehr Informationen besitzt als andere. Das von dir geschriebene Buch erweckt großes Interesse. Du wirst reich. In den Banken von 19 Län-dern wirst du Konten haben. Du wirst eine Reise zu den heiligen Stätten machen und dich von allem Bösen in dir reinigen. Du wirst an mich denken und mich lieben. Du wirst den Wunsch haben, mich und den Sohn wieder zu sehen. Mein Traum war großartig, vielleicht wirkte er auch als eine

Bitte. Wahrscheinlich geschah deshalb alles. SIE nahmen das als einen Plan an und beschlossen, die Menschen in eine Zeit ohne dunkle Kräfte zu versetzen. Das ist zulässig, wenn ein detaillierter Plan auf der Erde, in der Seele und in Gedanken eines irdischen Menschen entsteht. Vielleicht kam IHNEN dieser Plan grandios vor. Vielleicht ergänzten SIE ihn auch selbst, weil die dunklen Kräfte ihre Tätigkeit stark aktivierten. So etwas hatte es noch nie gegeben. Ich bemerkte es an der Klingenden Zeder, ihr Strahl wurde viel stärker. Sie klingt jetzt auch lauter, denn sie beeilt sich, ihr Licht und ihre Energie abzugeben.

Ich hörte Anastasia zu und konnte den Gedanken nicht loswerden, daß sie doch irrsinnig war. Vielleicht war sie aus einem Krankenhaus fortgelaufen und lebte jetzt im Wald, und ich hatte sogar mit ihr geschlafen. Jetzt kann ein Kind geboren werden. Eine hübsche Geschichte! Sie sprach sehr ernst und aufgeregt, und ich versuchte sie zu beruhigen:

- Mach dir keine Sorgen, Anastasia, dein Plan ist sowieso unerfüllbar, deshalb brauchen die dunklen und die lichten Kräfte nicht gegeneinander zu kämpfen. Du kennst unser Leben, seine Gesetze und Konventionen nicht ausführlich genug. Siehst du, zur Zeit wird eine riesige Anzahl von Büchern herausgegeben, aber noch nicht einmal die Werke bekannter Schriftsteller sind gefragt. Ich bin ja kein Schriftsteller, also, ich habe weder Talent noch Fähigkeiten noch entsprechende Bildung, um etwas zu schreiben.

- Früher hattest du sie nicht, aber jetzt hast du sie, -

erwiderte sie.

- Nun gut, - beruhigte ich sie weiter, - auch wenn ich einen Versuch mache, wird es niemand drucken. Niemand wird an deine Existenz glauben.

- Aber ich existiere. Ich existiere für diejenigen, die glauben, daß ich existiere. Sie glauben es und helfen dir ebenso, wie ich ihnen dann helfen werde.

Ich verstand nicht gleich den Sinn ihrer Worte und machte noch einen Versuch, sie zu beruhigen:

- Ich werde nicht einmal versuchen, etwas zu schreiben. Es hat keinen Sinn. Du mußt das endlich verstehen.

- Doch, du wirst schreiben. SIE haben schon ein ganzes System von Umständen geplant, die dich veranlassen, das zu machen.

- Bin ich etwa ein Spielzeug in jemandes Händen?

- Nein, vieles hängt auch von dir ab. Die dunklen Kräfte versuchen dich mit allen möglichen Mitteln zu stören, dich auch zum Selbstmord durch die Illusion der Hoffnungslosigkeit zu treiben.

- Genug, Anastasia, Schluß damit. Es ist mir leid zu hören, wie du phantasierst.

- Meinst du, daß ich phantasiere?

- Ja, ja, du phantasierst ... - Ich hielt plötzlich inne, denn in meinem Kopf flammte ein Gedanke auf. Vor meinem inneren Auge sah ich die Ereignisse der letzten Zeit und begriff, daß alles, wovon Anastasia erzählte, während sie von ihren Träumen sprach, auch von einem Sohn, von ihr schon im vorigen Jahr geplant worden war, als ich sie noch nicht so nah gekannt und

mit ihr geschlafen hatte. Jetzt nach einem Jahr geschah es.

- Also, geschieht alles bereits? - fragte ich sie.
- Selbstverständlich. Hätten SIE und auch ich nicht ein wenig mitgewirkt, wäre deine zweite Schiffsreise nicht möglich gewesen. Du hattest kaum noch Mittel nach der ersten Reise, auch das Schiff stand nicht mehr zu deiner Verfügung.
- Hast du irgendwie die Reederei und die Unternehmen beeinflußt, die mir geholfen haben?
- Ja.
- Du hast mich ja ruiniert und ihnen damit einen Schaden zugefügt. Warum mischst du dich ein? Ich habe das Schiff verlassen und sitze hier mit dir. Und in dieser Zeit wird vielleicht alles dort gestohlen. Du hast bestimmt die Fähigkeit, zu hypnotisieren. Oder noch schlimmer, du bist eine Hexe. Ja, das bist du.
- Nie und Niemandem kann ich etwas Böses tun, denn ich bin ein Mensch! Wenn du an den materiellen Werten und Geld so interessiert bist, warte ein wenig, du bekommst alles zurück. Ich bin dir gegenüber schuldig, weil ich in meinen Träumen geplant habe, daß du einige Zeit Schwierigkeiten haben wirst, aber ich konnte es mir damals nichts anders ausdenken. Die Logik hilft in deinem Fall nicht. Man kann dich nur durch die Lebensumstände deiner Welt zu etwas zwingen.
- Also, doch zwingen, - rief ich empört. Du tust das und willst, daß ich dich für einen normalen Menschen halte.
- Ich bin ein Mensch, eine Frau!

Ich sah, daß Anastasia sehr aufgeregt war. Sie rief:
- Ich wollte und will nur Gutes. Ich will, daß du dich reinigst. Deshalb habe ich deine Reise zu den heiligen Stätten und dein Buch geplant. SIE haben meinen Plan angenommen. Die dunklen Kräfte kämpfen immer mit ihnen, aber sie gewinnen nie in den wichtigsten Dingen.

- Und du, Anastasia, mit deinem Intellekt, deinen Informationen und deiner Energie, wirst du etwa dabei nur zusehen?

- Bei der Konfrontation dieser beiden großen Kräfte ist die Wirkung meiner Bemühungen sehr gering. Viele andere aus eurer Welt müssen mithelfen. Ich werde sie suchen und finden, wie ich es schon getan habe, als du im Krankenhaus warst. Aber auch du solltest etwas bewußter werden und das Schlechte in dir überwinden.

- Was habe ich denn Schlechtes in mir? Was habe ich Böses im Krankenhaus getan? Und wie hast du mich geheilt, wo du nicht einmal neben mir warst?

- Du hast einfach meine Gegenwart nicht gespürt, aber ich war neben dir. Als ich auf dem Schiff war, brachte ich euch einen Zweig der Klingenden Zeder. Das war der Zweig, den meine Mutter abgebrochen hatte, bevor sie umkam. Ich ließ ihn in deiner Kajüte liegen, als du mich eingeladen hattest. Du warst schon damals krank gewesen. Ich hatte es gespürt. Erinnerst du dich an den Zweig?

- Ja, - antwortete ich. Der Zweig hing in der Tat lange Zeit in meiner Kajüte, viele Leute aus der Besatzung sahen ihn, ich brachte ihn nach Nowosibirsk. Doch

ich legte keinen Wert darauf.
- Du hast ihn einfach weggeschmissen.
- Ich habe ja nicht gewußt ...
- Ja, du hast es nicht gewußt und ihn weggeschmissen. Und der Zweig meiner Mutter konnte dir nicht helfen, deine Krankheit zu überwinden.
- Dann hast du im Krankenhaus gelegen. Wenn du nach Hause zurückkehren wirst, lies aufmerksam deine Krankengeschichte! Du siehst darin, daß trotz Anwendung der besten Arzneien keine Besserung stattfand. Aber dann wurde dir Zedernöl eingespritzt. Der Arzt, der die Vorschriften beachtete, hätte das nicht tun dürfen, er tat es aber, er tat das, was man in keinem Rezeptbuch finden kann, was überhaupt bisher nie getan wurde. Weißt du das noch?
- Ja.
- Dich hat eine Ärztin behandelt, die Leiterin einer Abteilung der besten Klinik eurer Stadt. Diese Abteilung beschäftigte sich sonst nicht mit Krankheiten wie deine. Sie behandelte dich in ihrer Abteilung, obwohl im selben Gebäude in einer höheren Etage die Abteilung liegt, die sich darauf spezialisiert hat. Stimmt das?
- Ja.
- Sie hat dir die Nadel gesetzt und ließ dabei Musik in einem halbdunklen Zimmer laufen.

Anastasia erzählte, was mit mir in der Tat geschehen war.

- Erinnerst du dich an diese Frau?
- Ja. Das war die Leiterin einer Abteilung der ehemaligen Klinik für Parteifunktionäre.

Anastasia sah mich ernsthaft an und sprach plötzlich einzelne zusammenhanglose Sätze, die mich erschütterten, so daß es mir kalt wurde. „Welche Musik haben Sie gern? Ist es so gut? Nicht zu laut?" Sie sprach mit der Stimme und Intonation der Abteilungsleiterin, die mich behandelt hatte.

- Anastasia, - rief ich ...
Sie unterbrach mich.
- Hör zu und wundere dich bitte nicht. Gib dir Mühe und versuche endlich zu begreifen, was ich dir erzähle. Nimm dich zusammen! Es ist einfach für einen Menschen.

Sie fuhr fort:
- Diese Ärztin ist eine sehr gute Frau. Sie ist eine richtige Ärztin. Es war für mich leicht mit ihr. Sie ist herzlich und aufgeschlossen. Ich wollte nicht, daß du in dieser anderen Abteilung behandelt wirst. Sie bat ihre Chefs, ihr zu erlauben, dich zu behandeln. Sie ahnte, daß sie dich heilen kann. Sie wußte, daß deine Krankheit nur die Folge von etwas anderem war. Und gegen dieses Andere wollte sie kämpfen, denn sie ist eine Ärztin.

- Und wie hast du dich verhalten? Mit deinem Magengeschwür hast du weiter geraucht und getrunken, Scharfes und Salziges gegessen und auf kein Vergnügen verzichtet. Du ahntest nichts davon, aber irgendwo in deinem Unterbewußtsein war eine Sicherheit, daß dir nichts Schlimmes passieren kann. Ich habe nichts Gutes bei dir erreicht, eher umgekehrt. Das Dunkle ist in dir nicht weniger geworden. Du bist weiter nicht fähig, etwas zu erkennen. Dein Wille ist nicht stärker geworden. Als du schon gesund warst, schicktest du deine Mitarbeiterin zu der Frau, die dich gerettet hatte, damit sie ihr zu einem Feiertag gratuliert. Du hast sie nicht einmal selbst angerufen. Sie erwartete das von dir. Sie liebte dich wie ...

- Sie oder du, Anastasia?
- Wir beide, wenn es dir so verständlicher ist.

Ich stand auf und machte unbewußt ein paar Schritte weg von Anastasia, die auf einem gefällten Baum saß. Das Durcheinander von Gefühlen und Gedanken machte mein Verhältnis zu ihr immer unklarer.

- Da haben wir es. Wieder verstehst du nicht, wie ich es tue.

Du bekommst Angst vor mir. Aber es ist so einfach. Ich tue es mit Hilfe der Vorstellungskraft und einer genauen Analyse aller möglichen Situationen. Und du hast wieder gedacht, daß ich ...

Sie schwieg und saß den Kopf tief über ihre Knie gebeugt. Ich stand und sprach auch kein Wort. Ich dachte: „Was ist denn das? Warum spricht sie immer wieder über verschiedene unglaubliche Dinge? Sie spricht und ist traurig, wenn ich sie nicht verstehe. Sie begreift wohl nicht, daß jeder normale Mensch ihre Worte und damit auch sie selbst nicht als normal akzeptieren kann." Dann ging ich zu Anastasia, nahm die Haarsträhnen aus ihrem Gesicht, aus ihren großen blauen Augen rollten Tränen. Sie lächelte und sagte einen Satz, der nicht zu ihr paßte:

- Ein Weib bleibt ein Weib, ja? Jetzt verwirrt dich

die Tatsache meiner Existenz. Wie man in eurer Sprache sagt, traust du deinen eigenen Augen nicht. Du kannst auch meinen Worten nicht völlig glauben und begreifen, was ich dir sage. Die Tatsache, daß ich existiere und meine Fähigkeiten verwundern dich. Du nimmst mich jetzt nicht mehr wie einen normalen Menschen wahr, und ich bin doch, glaub mir, ein Mensch und keine Hexe. Warum verwundert dich nicht und scheint dir nicht paradox, daß die Menschen die Erde als einen kosmischen Körper, als die größte Schöpfung des höchsten Verstandes anerkannt haben, deren Mechanismus seine größte Leistung ist? An diesem Mechanismus wird gerüttelt, es wird angestrengt daran gearbeitet, ihn zu stören. Für euch sind ein Raumschiff und ein Flugzeug etwas Selbst-verständliches, aber alle diese mechanischen Dinge sind aus gebrochenen oder geschmolzenen Teilen des größten Mechanismus gebaut. Stell dir ein Wesen vor, das ein fliegendes Flugzeug zerstört, um sich aus seinen Teilen einen Hammer oder einen Schaber zu machen und darauf stolz ist, ein primitives Werkzeug hergestellt zu haben. Dieses Wesen versteht nicht, daß man ein fliegendes Flugzeug nicht endlos zerstören kann. Warum begreift ihr nicht, daß ihr die Erde nicht quälen sollt. Der Computer gilt als eine Leistung des Verstandes, aber nur wenige ahnen, daß man einen Computer mit einer Gehirnprothese vergleichen könnte. Kannst du dir vorstellen, was einem gesunden Menschen passiert, wenn er mit Krücken gehen würde. Seine Beinmuskeln würden bestimmt atrophieren. Eine Maschine kann nie das menschliche

Gehirn übertreffen, wenn es ständig trainiert wird.

Sie wischte mit der Hand eine über ihre Wange rollende Träne und äußerte weiter ihre unglaublichen Gedanken. Damals konnte ich nicht vermuten, daß ihre Informationen viele Menschen bewegen, einen Anstoß zu der wissenschaftlichen Tätigkeit geben, und, auch nur als Hypothesen betrachtet, würden sie nicht ihresgleichen finden.

Nach Anastasia ist die Sonne eine Art Spiegel, der eine von der Erde ausgehende unsichtbare Strahlung reflektiert. Diese Strahlung stammt von den Menschen, die Liebe, Freude und andere lichte Gefühle empfinden. Reflektiert von der Sonne, gelangt sie wieder auf die Erde als Sonnenlicht und gibt allem Irdischen das Leben. Sie führte dabei eine Reihe von Beweisen an, die schwer zu verstehen waren.

- Hätten die Erde und andere Planeten das Gnadenlicht der Sonne nur verbraucht, - sagte sie, - würde diese allmählich erlöschen und nicht gleichmäßig leuchten. Im Weltall gibt es keinen einseitigen Prozeß. Alles hängt zusammen.

Sie erinnerte mich an die Worte aus der Bibel: „...und das Leben war das Licht der Menschen". Anastasia behauptete, daß die Gefühle von einem Menschen zum anderen, reflektiert von kosmischen Körpern, übertragen werden.

Sie zeigte das an einem Beispiel.

- Niemand von den Menschen, die auf der Erde leben, kann verleugnen, daß er spürt, wenn ihn jemand liebt. Das empfindet man besonders gut, wenn man sich neben einem Liebenden befindet. Ihr nennt das Intuition. In der Tat gehen von dem Liebenden unsichtbare Liebeswellen aus. Auch wenn der Liebende nicht in der Nähe ist, kann man sie empfinden, wenn sie stark sind. Mit Hilfe dieses Gefühls kann man Wunder tun, wenn man seine Natur versteht. Das nennt ihr Wunder, Mystik oder außerordentliche Fähigkeiten.

- Sag bitte, geht es dir jetzt besser mit mir? Ich meine, ist dir irgendwie leichter und wärmer? Fühlst du dich erfüllter?

- Ja, - antwortete ich.

- Nun paß auf, was dir passiert, wenn ich mich noch mehr auf dich konzentriere.

Anastasia senkte ein wenig die Augen, machte langsam ein paar Schritte rückwärts und blieb stehen. Ich spürte, wie eine angenehme Wärme meinen Körper durchfloß. Sie nahm zu, aber sie brannte nicht und mir wurde nicht heiß. Anastasia drehte sich um, ging weiter und versteckte sich hinter den dicken Stamm eines hohen Baumes. Die Empfindung der angenehmen Wärme blieb, jetzt entstand eine neue Empfindung, als flöße mein Blut durch eine helfende Wirkung intensiver durch die Adern, als erreichte das Blut in Wirbelströmen sehr schnell jedes Äderchen meines Körpers. Meine Füße schwitzten und wurden ganz naß.

- Siehst du? Ist es dir jetzt klar? - sagte Anastasia, die triumphierend hervortrat, als hätte sie mir etwas bewiesen.

- Hast du alles empfunden, als ich mich hinter den Baum versteckt habe? Deine Empfindungen haben sich sogar verstärkt, als du mich nicht gesehen hast. Erzähl mir davon.

Ich erzählte ihr das und fragte, was der Baumstamm damit zu tun hatte.

– Verstehst du, die Informations- und Lichtwellen von mir strömten direkt zu dir, als ich mich versteckt hatte. Der Baumstamm hätte sie stark verzerren müssen, denn er hat seine eigenen Informationen und seine Strahlung, doch das geschah nicht. Die Gefühlswellen erreichten dich, reflektiert von kosmischen Körpern, und verstärkten sich. Dann habe ich ein Wunder getan, so nennt ihr das, deine Füße schwitzten. Du hast es verschwiegen.

– Ich dachte, daß es nicht wichtig ist. Ist das Fußschwitzen ein Wunder?

– Ich habe durch das Schwitzen viele giftige Stoffe und Krankheitserreger aus deinem Körper ausscheiden lassen. Das ist schon äußerlich zu sehen. Auch dein Rücken wirkt jetzt nicht so krumm.

Tatsächlich fühlte ich mich physisch viel besser.

– Also, du konzentrierst dich und träumst von etwas, und dann erfüllt sich alles, was du willst. Ist es so?

– Ungefähr so.

– Gelingt es dir immer, auch dann, wenn du nicht von einer Heilung träumst?

– Immer, wenn der Traum nicht abstrakt ist, wenn er detailliert bis zu den kleinsten Vorgängen durchdacht ist und den Gesetzen des geistigen Daseins nicht widerspricht. Es ist nicht leicht, so einen Traum entstehen zu lassen. Man muß sehr schnell denken, damit die

Gedanken rennen, auch die Intensität von Gefühlen soll entsprechend sein, dann wird sich der Traum unbedingt verwirklichen. Es ist selbstverständlich. Es geht vielen so im Leben. Frage deine Bekannten danach. Vielleicht findet sich unter ihnen jemand, der geträumt hatte und dann seinen Traum völlig oder nur teilweise in Erfüllung gehen sah.

- Detailliert ... schnell denken ... damit die Gedanken rennen ... Sag, hast du alle Einzelheiten durchdacht, als du von Dichtern, Malern und von dem Buch geträumt hast? Hast du schnell gedacht?

- Ja, ungewöhnlich schnell und konkret, in allen Einzelheiten.

- Meinst du, daß sich das erfüllen wird?

- Ja, das wird sich erfüllen.

- Vielleicht hast du noch von etwas anderem dabei geträumt? Hast du mir alles von deinem Traum erzählt?

- Ich habe dir nicht alles von meinem Traum erzählt.

- Erzähl doch alles.

- Willst du mir zuhören? Willst du das wirklich, Wladimir?

- Aber ja.

Anastasia strahlte, als wäre ihr Gesicht plötzlich von Licht erfüllt.

Begeistert und aufgeregt sprach sie dann ihren unglaublichen Monolog.

Die Zeit der dunklen Kräfte überspringend

In jener Nacht, als mein Traum entstand, dachte ich darüber nach, wie ich die Menschen in eine andere Zeit versetzen kann, die Zeit der dunklen Kräfte überspringend. Mein Plan war genau und realistisch, und SIE haben ihn akzeptiert.

In dem Buch, das du schreiben wirst, werden unauffällige Kombinationen und Formeln aus Buchstaben enthalten sein, die bei den meisten Menschen gute Gefühle hervorrufen. Diese Gefühle sind fähig, körperliche und geistige Krankheiten zu überwinden, zur Entstehung einer neuen Weltauffassung beizutragen, die den Menschen der Zukunft eigen sein wird. Glaub mir, Wladimir, das ist keine Mystik, das entspricht den Gesetzen des Weltalls.

Alles ist sehr einfach. Du wirst dieses Buch schreiben, ausschließlich von deinen Gefühlen und dem Zustand deiner Seele ausgehend. Anders kannst du es nicht, denn du besitzt die Technik des Schreibens nicht, aber mit Hilfe der Gefühle kann man ALLES tun. Diese Gefühle sind bereits in dir. Sowohl meine, als auch deine, die von dir noch nicht erkannt sind. Doch sie werden von vielen verstanden werden. In Gestalt der Buchstaben und Buchstabenkombinationen werden sie stärker als das Feuer von Zoroaster wirken. Verschweige nichts was dir passiert war, auch das Intime nicht.

Gib jede Scham auf, fürchte nicht, lächerlich zu wirken, gib deinen Stolz auf.

Ich habe mich vor dir völlig geöffnet, körperlich und seelisch. Durch dich will ich mich allen Menschen öffnen, jetzt ist es mir erlaubt. Ich weiß, zahlreiche dunkle Kräfte werden mich angreifen und der Erfüllung meines Traumes widerstehen, ich habe aber keine Angst vor ihnen, ich bin stärker als sie, und ich kann noch erleben, was ich geplant habe: ich werde einen Sohn gebären, unseren Sohn, Wladimir, und ihn großziehen.

Mein Traum wird viele Mechanismen der dunklen Kräfte zerstören, die seit Jahrtausenden schädlich auf die Menschen einwirken, und manche von ihnen werden zum Wohl der Menschen beitragen.

Ich weiß, jetzt kannst du mir noch nicht glauben. Konventionen und Kriterien, bedingt durch die Verhältnisse deines Daseins, hindern dich daran. Du findest die Möglichkeit, sich in eine andere Zeit zu versetzen, unwahrscheinlich. Eure Begriffe von der Zeit und der Entfernung sind jedoch bedingt. Denn nicht die Sekunden und Meter, sondern der Grad des Erkennens und des Willens charakterisieren diese Werte.

Die Reinheit der Absichten, Gefühle und Empfindungen, die für die meisten charakteristisch sind, bestimmen den Ort des Aufenthaltes im Weltall und in der Zeit.

Ihr glaubt an die Horoskope, an eure absolute Abhängigkeit von der Lage der Planeten. Dieser Glaube ist das Resultat der Tätigkeit der dunklen Kräfte. Dieser Glaube verkürzt die Zeit und den Bereich der lichten Kräfte, läßt die dunklen Kräfte vorankommen und einen größeren Bereich einnehmen. Dieser Glaube führt euch weg von der Erkenntnis der Wahrheit und des Sinnes des irdischen Daseins. Analysiere das gründlich. Denk daran, daß Gott den Menschen nach seinem Bild geschaffen hat. Dem Menschen ist die größte Freiheit gegeben, das heißt die Freiheit, zwischen den lichten und dunklen Kräften zu wählen. Dem Menschen ist die Seele gegeben. Alles Sichtbare ist ihm untergeordnet, und er, der Mensch, ist auch frei gegenüber Gott, er kann ihn lieben oder nicht lieben. Nichts und niemand kann den Menschen zwingen, etwas gegen seinen Willen zu tun. Gott will Liebe von dem Menschen, den er liebt, aber er will einen freien, vollendeten, ihm gleichen Menschen lieben.

Gott schuf alles Sichtbare, darunter die Planeten. Sie dienen zur Sicherung der Ordnung und Harmonie alles Lebenden, der Pflanzen und der Tiere. Sie helfen dem menschlichen Körper, aber sie besitzen absolut keine Macht über seine Seele und seinen Verstand. Nicht sie lenken den Menschen, sondern der Mensch steuert die Planeten durch sein Unterbewußtsein.

Wenn nur ein Mensch den Wunsch hat, daß eine zweite Sonne am Himmel scheint, entsteht sie nicht. Es ist so geordnet, damit keine planetare Katastrophe stattfindet. Wenn aber alle Menschen gleichzeitig die zweite Sonne haben wollen, erscheint sie.

Bei der Zusammenstellung eines Horoskops muß man vor allem die wesentlichen Daten berücksichtigen: den Grad seiner Zeiterkenntnis, die Stärke seines Willens und Geistes, die Bestrebungen seiner Seele und den Grad ihrer Mitwirkung am Moment des gegenwärtigen Daseins.

Günstige und ungünstige Tage, magnetische Stürme, hoher bzw. niedriger Druck der Atmosphäre werden durch den Willen und den Grad der Erkenntnis bestimmt.

Hast du denn bei trübem Wetter glückliche und fröhliche Menschen oder umgekehrt traurige und niedergeschlagene Menschen an einem sonnigen und günstigen Tag gesehen?

Du denkst, daß ich wie eine Irrsinnige phantasiere, indem ich sage, daß die von mir kodierten Kombinationen und Formeln aus Buchstaben die Menschen heilen und erleuchten werden. Du glaubst mir nicht, weil du nichts verstehst. In der Tat ist alles sehr einfach.

Jetzt spreche ich mit dir deine Sprache, gebrauche deine Redewendungen und bemühe mich manchmal, auch deine Intonation nachzuahmen. Du wirst meine Worte leicht behalten können, denn das ist deine nur dir eigene Sprache, sie wird aber von vielen verstanden. Es gibt darin keine komplizierten Wörter und nur wenige alltägliche Redewendungen. Die Sprache ist einfach und deshalb der Mehrheit verständlich. Ich ändere nur die Wortstellung ein wenig. Du bist jetzt aufgeregt, darum wirst du dich an alles erinnern, was ich dir gesagt habe, wenn du an diesen Zustand denkst. Und du wirst alles aufschreiben.

So werden meine Buchstabenkombinationen in dein Buch kommen. Sie sind sehr wichtig. Sie können wie ein Gebet wundertätig sein. Viele von euch wissen, daß die Gebete bestimmte Wortverbindungen und Buchstabenkombinationen enthalten, die von erleuchteten Menschen mit Gottes Hilfe geschaffen worden sind.

Die dunklen Kräfte benutzten immer die Möglichkeit, die von diesen Kombinationen ausgehende Gottesgnade den Menschen wegzunehmen. Dazu änderten sie auch die Sprache, führten neue Wörter ein, verwarfen alte Wörter oder entstellten den Sinn der Wörter. Früher gab es zum Beispiel in eurer Sprache 47 Buchstaben, jetzt sind nur 33 geblieben. Sie führten ihre eigenen Kombinationen und Formeln in die Sprache ein, das Niedrige und Dunkle im Menschen ansprechend, sie versuchten die Bedürfnisse des Körpers und die Leidenschaften im Menschen zu fördern. Aber ich benutzte die ursprünglichen Kombinationen unter Anwendung der gegenwärtigen Buchstaben und Symbole, so werden sie jetzt wirksam sein. Ich habe mir viel Mühe gegeben, das Beste aus allen Zeiten zusammenzustellen. Ich habe vieles gesammelt und in dem Buch versteckt, das du schreiben wirst.

Wie du siehst, ist dies nur eine Übersetzung der Zeichenkombinationen der tiefen Ewigkeit und des endlosen Kosmos, eine genaue Übersetzung nach dem Sinn, der Bedeutung und dem Zweck.

- Schreibe über alles, was du gesehen hast, verheimliche nichts, weder das Schlechte noch das Gute noch das Intime. Erst dann bleiben sie in deinem Buch bestehen.

Glaub mir bitte, du wirst dich davon selbst überzeugen, wenn du mit dem Buch fertig sein wirst. Bei vielen Menschen, die das Buch lesen werden, entstehen Gefühle und Empfindungen, die von ihnen noch nicht erkannt sind. Sie werden das bestätigen. Du wirst es selbst erleben, daß sie dies bestätigen. Bei ihnen entstehen lichte Gefühle, mit deren Hilfe sie dann mehr verstehen werden, als du in deinem Buch geschrieben hast. Schreib etwas, nur ganz wenig, dann wirst du dich davon überzeugen, daß die Menschen diese Kombinationen wahrnehmen. Wenn 10, 100 oder 1000 Menschen dir das bestätigen, wirst du das glauben und alles schreiben. Du mußt nur glauben, an dich selbst und an mich.

Im weiteren werde ich noch über bedeutendere Dinge sprechen, und sie werden es verstehen und fühlen. Das ist die Kindererziehung. Du warst neugierig, etwas über fliegende Teller, Mechanismen, Raketen und Planeten zu erfahren. Ich hatte den großen Wunsch, etwas über die Kindererziehung zu erzählen, und ich tue das, wenn ich dir größere Erkenntnis beibringe. Das soll man lesen, wenn man nicht durch Geräusche der künstlich geschaffenen Mechanismen gestört wird. Diese Geräusche fügen dem Menschen einen großen Schaden zu und führen ihn weit weg von der Wahrheit. Nur die Geräusche der von Gott geschaffenen Naturwelt sollten hörbar bleiben. Sie enthalten die Information von Wahrheit und Gottesgnade, sie tragen zur Erkenntnis bei. Dabei wird auch die Heilung viel intensiver. Du zweifelst wieder daran, du glaubst nicht an die heilende Kraft des Wortes, du denkst noch immer, daß ich ...

Auch darin ist keine Mystik und keine Phantasie, nichts, was den Gesetzen des geistigen Daseins widersprechen könnte.

Wenn in einem Menschen lichte Gefühle entstehen, üben sie unbedingt einen wohltuenden Einfluß auf alle menschlichen Organe aus. Gerade die lichten Gefühle sind das stärkste und wirksamste Mittel gegen alle Erkrankungen. Mit Hilfe lichter Gefühle hat Gott geheilt. Dasselbe haben auch die Heiligen getan. Viele Ärzte eurer Welt wissen davon. Frage sie danach, wenn du mir nicht glaubst. Es ist für dich leichter, ihnen zu glauben. Je stärker und lichter dieses Gefühl ist, desto wirksamer ist es für den Menschen, dem es gilt.

Ich verstand immer mit meinem Strahl zu heilen. Mein Urgroßvater hat es mir in der Kindheit beigebracht und alles erklärt. Ich habe es oft für meine Kleingärtner getan. Jetzt ist mein Strahl um das Vielfache stärker, als der des Großvaters und des Urgroßvaters. Das kommt davon, sagen sie, daß in mir ein Gefühl entstand, das ihr Liebe nennt.

Es ist so groß, angenehm und ein wenig brennend. Ich habe den Wunsch, es allen Menschen und dir zu schenken. Ich möchte, daß es allen gut geht, daß alles gut ist, wie Gott es wünscht.

Sie sprach ihren Monolog mit ungewöhnlicher Begeisterung und Sicherheit. Das wirkte wie ein Schuß in Raum und Zeit. Dann schwieg sie. Ich sah Anastasia an, von ihrer Leidenschaftlichkeit und Sicherheit überwältigt. Dann fragte ich sie:

- Ist das alles, Anastasia? Gibt es keine Nuancen

mehr in deinen Plänen und Träumen?

Das übrige ist nicht wichtig, das sind nur Kleinigkeiten. Ich habe sie nebenbei erfunden, ohne darüber besonders nachzudenken. Es gab eine Schwierigkeit, die dich betroffen hatte, doch ich habe sie geregelt.

- Halt! Nun sprich ausführlicher davon! Was für eine Schwierigkeit, die mich betrifft?

- Verstehst du, ich habe dich zum reichsten, dazu noch zum berühmtesten Mann auf der Erde gemacht. Das erfüllt sich in einiger Zeit. Aber während der Traum in allen Einzelheiten entstand, bis er flog, aufgenommen von den lichten Kräften, strebten die dunklen Kräfte ihren schädlichen Beitrag dazu leisten. Sie versuchen immer dem Menschen, dem der Traum gilt, ihre schädlichen Einflüsse zu verleihen.

Meine Gedanken rannten sehr schnell, doch die dunklen Kräfte blieben nicht zurück. Sie gaben alles Irdische auf und bemühten sich ihre Mechanismen gegen die Erfüllung meines Traumes in Gang zu bringen. Da erfand ich etwas und führte sie an der Nase herum. Ich ließ alle ihre Mechanismen zum Guten wirken. Die dunklen Kräfte waren nur einen Augenblick verwirrt. Aber das war genug, daß mein Traum, aufgenommen von den lichten Kräften, in unerreichbare Unendlichkeit fortflog.

- Was hast du denn erfunden, Anastasia?

Unerwartet für sie, verlängerte ich etwas die Zeit der Wirkung der dunklen Kräfte, in der du verschiedene Schwierigkeiten zu überwinden hast. Außerdem verzichtete ich auf die Möglichkeit, dir mit meinem

Strahl zu helfen. Sie waren überrascht, da sie keine Logik meinerseits sahen. Inzwischen leuchtete ich mit meinem Strahl den Menschen, die in Zukunft mit dir verkehren werden.

- Was bedeutet das?

- Dir und meinem Traum werden Menschen helfen. Sie tun das mit ihren kleinen, fast unsteuerbaren Strahlen. Aber es wird viele geben, und ihr zusammen verwirklicht den Traum. Ihr überfliegt eine Zeit der Wirkung der dunklen Kräfte. Ihr helft auch anderen, das zu tun. Und du wirst nicht hochmütig und habgierig sein, wenn du reich und berühmt sein wirst, denn du wirst verstehen, es liegt nicht am Geld. Man kann nicht für Geld die Wärme und ein aufrichtiges Mitgefühl einer menschlichen Seele kaufen.

Du verstehst das während dieses Zeitabschnittes, wenn du diese Menschen sehen und kennenlernen wirst. Sie werden das auch verstehen. Was das Kniebeugen betrifft, ... Deine Beziehungen zu den Banken habe ich mir auf jeden Fall ausgedacht, weil du auf deinen Körper überhaupt nicht aufpaßt. Nun wirst du da ein bißchen turnen, auch einige Bankleute. Na ja, es ist etwas lächerlich, dafür verringert sich dein Stolz etwas.

So geschieht es, daß alle Schwierigkeiten und Hindernisse, die dunklen Kräfte für dich erfunden haben, dich und deine Umgebung stärker und bewußter machen werden. Später könnt ihr auch verschiedene Versuchungen vermeiden, auf deren Erfindung die dunklen Kräfte so stolz sind. Ihre eigenen Wirkungen helfen euch dabei. Deshalb waren sie für eine Weile verwirrt. Jetzt können sie nie meinen Traum einholen.

– Anastasia! Meine liebe Träumerin! Was für eine reiche Phantasie du hast!

– Oh, wie schön du das gesagt hast: „Meine Liebe". Ich danke dir dafür. Es ist so schön.

– Bitte sehr. Aber ich habe dich auch Träumerin mit einer reichen Phantasie genannt. Nimmst du es mir nicht übel?

– Nein, gar nicht. Du weißt ja nicht, wie genau sich meine Träume erfüllen, wenn sie so schön und detailliert sind. Dieser Traum wird unbedingt Wirklichkeit. Das ist mein Lieblingstraum, der schönste Traum, und mit deinem Buch wird es klappen. Es ruft ungewöhnliche Gefühle in den Menschen hervor, und diese Gefühle rufen die Menschen ...

– Warte, Anastasia, wieder beginnst du dich zu begeistern. Beruhige dich.

***

Es verging wenig Zeit, seit ich die leidenschaftliche Rede Anastasias unterbrochen hatte, die mir als reine Phantasie vorkam.

Der Sinn des von Anastasia gehaltenen Monologs war mir nicht ganz klar. Alles, was sie gesagt hatte, schien mir zu phantastisch. Nach einem Jahr nur gab mir Michail Fyrnin, ein Korrespondent der Zeitschrift „Wunder und Abenteuer", ein neues Heft seiner Zeitschrift (Mai 1996), nachdem er mein Manuskript und Anastasias Monolog gelesen hatte.

Aufregung erfaßte mich, als ich seinen Inhalt

kennengelernt hatte. Zwei Gelehrte, Akademiemitglieder Anatolij Akimow und Wlail Kasnatschejew sprachen gleichzeitig in ihren Artikeln über die Existenz des höchsten Verstandes, von der engen Verbundenheit des Menschen mit dem Kosmos, von den unsichtbaren Strahlen, die von jedem Menschen ausgehen. Es gelang, sie mit speziellen Geräten nachzuweisen. In der Zeitschrift wurden zwei Fotos mit den von Menschen ausgehenden Strahlen gebracht.

Die Wissenschaftler sprachen erst jetzt davon, was Anastasia von Kindheit an gewußt und in ihrem alltäglichen Leben benutzt hatte, um Menschen zu helfen.

Woher konnte ich vor einem Jahr wissen, daß Anastasia in ihrem alten Rock, mit plumpen Gummischuhen an den Füßen, die aufgeregt sprach, die Knöpfe ihrer Jacke verlegen zupfend, tatsächlich kolossale Kenntnisse besaß sowie die Fähigkeit, das Schicksal der Menschen zu beeinflussen, daß die Regungen ihrer Seele tatsächlich dem Bösen und Schädlichen widerstehen können, daß der bekannte Volksheiler W. Mironow, Vorsitzender des Vereins der Heiler Rußlands eines Tages seine Helfer versammeln und sagen wird: „Wir sind ihr gegenüber eine Null" und ergänzt, daß die Welt eine solche Kraft wie bei Anastasia noch nie gekannt hat.

Viele spüren eine sehr starke von dem Buch ausgehende Energie. Wie beim Frühlingsregen, der den ganzen Schmutz abwäscht, wird es Gedichte nach der ersten kleinen Auflage des Buches regnen, dessen Mitautorin, wie ich glaube, Anastasia ist. Nun halten Sie dieses Buch in der Hand, sehr geehrte Leser. Ob es irgendwelche Gefühle in Ihrer Seele hervorruft, können Sie selbst beurteilen. Was fühlen Sie? Wozu ruft Sie das Buch auf?

Anastasia, die allein in der Taiga bleibt, wird von ihrer Lichtung aus alle Hindernisse, die bei der Verwirklichung ihres Traumes entstehen, beharrlich mit ihrem Strahl der Güte vertreiben, immer neue Menschen finden und zusammenführen, damit sich ihr Traum erfüllen kann.

In einer schweren Zeit werden drei Moskauer Studenten meine Mithelfer. Ohne richtige Entlohnung für ihre Arbeit zu erhalten, werden sie mir materiell helfen. Sie werden verschiedene Gelegenheitsjobs finden, um sich das Lebensnotwendige zu verdienen, und nachts (vor allem Ljoscha Nowitschkow) den Text von „Anastasia" an ihrem Computer schreiben.

Sie hören damit auch während einer schweren Prüfungszeit nicht auf. Das Buch erscheint in einer Auflage von 2000 Exemplaren in der 11. Moskauer Drukkerei ohne Hilfe eines Verlags. Vorher erzählen Ewgenija Kwitko, eine Journalistin der Zeitung „Bauernzeitung", und dann Katja Golowina aus „Moskowskaja Prawda" von Anastasia in ihren Zeitungsartikeln, später tun das auch „Zeitung der Forstwirtschaft", „Neues in der Welt" und Radiosender Rußlands. Die Zeitschrift „Wunder und Abenteuer", in der Beiträge der Prominenz der akademischen Wissenschaft veröffentlicht werden, wird entgegen aller Tradition einige Hefte Anastasia mit folgender

Begründung widmen: „In den kühnsten Träumen bleiben die Gelehrten weit hinter den Visionen Anastasias zurück, einer Hellseherin aus der sibirischen Taiga. Die Reinheit der Absichten macht einen Menschen allmächtig und allwissend. Der Mensch ist die Krone der Schöpfung".

Nur die solide Moskauer Presse wird Berichte von Anastasia veröffentlichen, als wählte Anastasia sie selbst, unter Vermeidung der Unterhaltungspresse, um die Reinheit der Absichten ihres Traumes zu bewahren.

Aber das wurde mir erst nach einem Jahr seit der Begegnung mit ihr klar. Damals, als ich sie noch nicht verstand und an das Geschehene nicht ganz glaubte, hatte ich versucht das Thema zu wechseln und über ein bekanntes Thema zu sprechen, über Unternehmer.

Starke Menschen

Die höchste Einschätzung einer Persönlichkeit ist die Einschätzung ihrer Mitmenschen.

Sie sprach viel von den Menschen, die wir Unternehmer nennen, und von ihrem Einfluß auf die Geistigkeit der Gesellschaft, dann nahm sie ein Stäbchen und zeichnete auf dem Boden einen Kreis, im Kreis viele kleinere Kreise mit einem Punkt in der Mitte. Neben diesem Kreis zeichnete sie andere Kreise. So entstand gleichsam ein Bild der Planeten innerhalb der irdischen Welt. Dann zeichnete sie noch vieles andere hinzu und sagte:

- Der große Kreis ist die Erde, der Planet, auf dem die Menschen leben. Die kleinen Kreise sind kleine Menschenkollektive. Die Punkte sind die Menschen, die an der Spitze dieser Kollektive stehen. Davon, wie diese Leiter die Menschen behandeln, was sie tun und lassen, welche psychologische Atmosphäre im Betrieb durch ihren Einfluß entsteht, wird es abhängen, ob es den umgebenden Menschen gut oder schlecht geht. Wenn es der Mehrheit gut geht, geht von jedem von ihnen eine lichte Strahlung aus, und folglich auch vom ganzen Kollektiv. Wenn es ihnen schlecht geht, wird von ihnen eine dunkle Strahlung ausgehen.

Sie strichelte einen Teil der Kreise dunkel.

- Selbstverständlich wird ihr Zustand durch viele andere Faktoren beeinflußt, doch in der Zeit ihres Aufenthaltes im Kollektiv sind ihre Wechselbeziehungen mit den Leitern entscheidend. Für das Weltall ist es von großer Bedeutung, daß von der Erde im ganzen eine lichte Strahlung ausgeht, die Strahlung der Liebe und der Güte. Davon steht in der Bibel geschrieben: „Gott ist die Liebe". Die Menschen, die ihr Unternehmer nennt, tun mir sehr leid, sie sind besonders unglücklich. Ich möchte ihnen helfen, aber für mich allein ist das eine schwere Aufgabe.

- Du irrst dich, Anastasia. Für unglücklich hält man bei uns Rentner und Menschen, die keine Arbeit finden können und nicht imstande sind, sich mit Wohnung, Kleidung und Nahrung zu versorgen. Der Unternehmer ist ein Mensch, der alles im größeren Maße als andere besitzt. Für ihn sind auch Vergnügen möglich, von denen die anderen nicht einmal träumen können.

- Welche zum Beispiel?
- Nun, nehmen wir einen durchschnittlichen Unternehmer. Er hat ein modernes Auto und eine gute Wohnung. Mit Kleidung und Nahrung hat er überhaupt keine Probleme.
- Hat er aber Freude und Befriedigung? Sieh zu!

Anastasia ließ mich wieder ins Gras sinken und zeigte wie beim vorigen Mal, als sie mir eine Kleingärtnerin gezeigt hatte, andere Bilder.

- Siehst du? Da sitzt er gerade in einem Wagen, den du toll nennst. Sieh mal, er sitzt hinten allein, im Auto ist eine Klimaanlage. Sein Fahrer fährt ihn behutsam. Sieh, wie gespannt und nachdenklich sein Gesicht ist, er denkt und plant, er befürchtet etwas, sieh, da nimmt er etwas, was ihr Handy nennt. Nun ist er besorgt, denn er hat Informationen erhalten. Jetzt soll er sie schnell auswerten und eine Entscheidung treffen. Er denkt angestrengt. Die Entscheidung ist fertig. Nun, sieh jetzt. Er wirkt angeblich ruhig, doch sein Gesicht drückt Zweifel und Unruhe aus. Und keine Freude.
- Das ist seine Arbeit, Anastasia.
- Das ist seine Lebensweise, und es gibt keine lichte Pause für ihn von dem Moment an, wann er erwacht, bis zu dem Moment, wann er einschläft, und auch wenn er schläft. Er sieht keine sprießenden Blätter und keine Frühlingsbäche. Er ist von neidischen Menschen umringt, die den Wunsch haben, sich sein Vermögen

anzueignen. Der Versuch sich zu isolieren, mit einer Wache, in einem als Festung angelegten Haus, bringt keine Beruhigung, denn die Angst und Sorge sind in ihm selbst und bleiben immer in ihm. So geht es bis zum Tod. Erst kurz vor seinem Lebensende bedauert er, alles im Leben aufgegeben zu haben.

- Der Unternehmer hat doch Freude. Er freut sich über die gewonnenen Resultate und die verwirklichten Vorhaben.

- Das ist nicht wahr. Er hat keine Zeit, sich über das Erreichte zu freuen. Denn anstelle des Erreichten kommt ein neues, schwierigeres Vorhaben, und alles wiederholt sich von Anfang an, nur mit größeren Schwierigkeiten.

Anastasia, diese Schönheit aus der Taiga, entwarf mir ein sehr düsteres und trauriges Bild der angeblich glücklichen wohlhabenden Schicht unserer Gesellschaft. Dieses Bild kam mir nicht glaubwürdig vor. Als Gegenargument machte ich eine Bemerkung:

- Anastasia, du vergißt ihre Fähigkeit, ein gesetztes Ziel zu erreichen und Lebensgüter zu erhalten, die Bewunderung der Frauen und die Achtung der Umwelt.

Darauf antwortete sie:

- Das ist eine Illusion, das ist nicht wahr. Bist du einmal einem Menschen begegnet, der den Besitzer eines schicken Autos oder einer reichen Wohnung mit Bewunderung und Achtung angesehen hätte? Niemand wird mit deinen Worten einverstanden sein. Das sind neidische, gleichgültige oder ärgerliche Blicke. Auch die Frauen können diese Männer nicht lieben, denn ihren

Gefühlen ist der Wunsch beigemischt, außer diesem Mann auch sein Vermögen zu besitzen. Seinerseits kann so ein Mann eine Frau nicht richtig lieben, denn er kann es sich nicht leisten, daß ein großes Gefühl so viel Platz in seinem Leben einnimmt.

Es war sinnlos, nach weiteren Argumenten zu suchen, denn die Menschen, von denen sie sprach, hätten ihre Worte nur bestätigen oder widerlegen können. Als Unternehmer hatte ich nie darüber nachgedacht, wovon Anastasia jetzt sprach, ich hatte nie den Anteil der freudigen Minuten in meinem Leben analysiert, auch nicht bei anderen. Es ist nicht üblich, im Unternehmermilieu zu nörgeln und zu klagen, jeder strebt danach, sich erfolgreich und mit dem Leben zufrieden zu präsentieren. So entstand bei der Mehrheit die Vorstellung eines Unternehmers als einen Menschen, der viele Güter im Leben erhält. Anastasia nahm nicht die äußeren Zeichen der Gefühle, sondern den versteckten inneren Zustand des Menschen wahr. Sie bestimmte den Zustand eines Menschen nach der von ihm ausgehenden Strahlung, die sie sehen konnte. Ich denke, die Bilder und die Situationen die sie sah, sah ich auch, von ihrer Stimme suggeriert. Davon erzählte ich Anastasia. Sie antwortete:

Ich helfe dir jetzt. Das ist einfach. Du machst die Augen zu, liegst im Gras, die Hände zur Seite ausgestreckt und entspannst dich. Nun stell dir gedanklich die ganze Erde vor, bemühe dich, ihre Farbe und die von ihr ausgehende Strahlung zu sehen. Dann mache den Strahl deiner Einbildung schmaler, umfasse jetzt nicht die ganze Erde. Mach deinen Strahl immer schmaler, bis du konkrete Einzelheiten siehst. Menschen findest du dort, wo es bläulich leuchtet, dort sind die Menschen. Mach deinen Strahl noch schmaler, und du siehst einen Menschen oder einige. Probiere es jetzt mit meiner Hilfe.

Sie nahm meine Hand, legte ihre Finger darauf und drückte ihre Fingerspitzen in meine Handfläche. Die Finger ihrer anderen im Gras liegenden Hand waren nach oben gerichtet. Ich tat in Gedanken alles, was sie mir gesagt hatte, und sah vor mir ein undeutliches Bild: drei Menschen saßen am Tisch und sprachen erregt miteinander. Ich verstand ihre Worte nicht, weil ich sie nicht hörte .

- Nein, - sagte Anastasia. - Das sind keine Unternehmer. Gleich finden wir sie.

Sie richtete lange ihren Strahl, gelangte in große und kleine Büros, geschlossene Clubs, in Speiseräume und Bordelle. Die bläuliche Strahlung war entweder schwach oder überhaupt nicht sichtbar.

Sieh, dort ist schon Nacht, aber er sitzt noch allein in seinem verräucherten Arbeitszimmer. Da ist noch einer im Schwimmbad, sieh, er scheint zufrieden zu sein, daneben sind Mädchen. Er ist angeheitert, keine Strahlung geht von ihm aus. Er versucht, sich zu betäuben um etwas zu vergessen. Seine Selbstzufriedenheit ist gespielt.

Dieser ist zu Hause. Da ist seine Frau, das Kind fragt ihn nach etwas … Das Telefon klingelt. Siehst du? Er ist wieder ernst geworden und hat seine Familie vergessen. Der Strahl zeigte eine Reihe verschiedener Situationen, eine nach der anderen, gute und schlechte, bis wir eine ganz schreckliche Szene sahen. Vor unseren Augen entstand ein Zimmer in einer komfortablen Wohnung, aber ...

Auf einem runden Tisch lag ein nackter Mann, seine Füße und Hände waren an die Tischbeine gebunden, der Kopf hing herab, der Mund war mit braunem Klebestreifen zugeklebt. Neben dem Tisch saßen zwei robuste Männer, der eine war kurzgeschoren, der andere, der weniger robust wirkte, hatte glatt gekämmte Haare. Etwas weiter, in einem Sessel saß eine junge Frau. Ihr Mund war auch zugeklebt, unter der Brust sah man eine Wäscheschnur, mit der sie an den Sessel gebunden war. Ihre Füße waren an die Sesselbeine gebunden. Sie hatte nur ein zerrissenes Hemd an. Neben ihr saß ein älterer hagerer Mann und trank etwas, wahrscheinlich Kognak. Auf einem Tischchen vor ihm lag Schokolade. Die Männer am runden Tisch tranken nicht. Sie gossen etwas Flüssiges, Wodka oder Spiritus, auf die Brust des liegenden Mannes und zündeten es an. „Erpressung", - verstand ich.

Anastasia führte ihren Strahl weg von dieser Szene. Ich aber rief: Kehre zurück! Tue etwas!

Sie zeigte wieder die Szene und antwortete:

- Es ist unmöglich. Alles ist schon geschehen. Das ist nicht aufzuhalten. Man hätte das früher tun müssen. Jetzt ist es zu spät.

Ich sah wie gebannt zu, plötzlich sah ich die Augen der Frau ganz deutlich, sie waren voller Entsetzen, ohne

Bitte um Gnade.
- Tue doch etwas, wenn du nicht ganz herzlos bist! - rief ich Anastasia zu.
- Das geht über meine Kräfte, es ist schon früher programmiert worden, nicht von mir, deshalb darf ich mich nicht direkt einmischen. Sie sind jetzt stärker.
- Wo sind denn deine Güte und deine Fähigkeiten?

Anastasia schwieg. Die schreckliche Szene trübte sich etwas. Dann verschwand plötzlich der ältere Mann, der Kognak trank. Plötzlich spürte ich eine Schwäche im ganzen Körper, meine Hand, die Anastasias Hand berührte, wurde gefühllos. Ich hörte ihre seltsam schwache Stimme. Sie sprach mühsam:
- Nimm deine Hand weg, Vladi... Sie konnte nicht einmal meinen Namen aussprechen.

Ich stand auf und ließ Anastasias Hand los. Mein Arm hing leblos herab, als hätte ich ihn verlegen, und war ganz weiß. Ich bewegte die Finger, und die Erstarrung verschwand allmählich.

Ich sah Anastasia an und erschrak. Ihre Augen waren geschlossen, das Gesicht war blaß. Ihre Haut, die Hände und das Gesicht schienen kein Blut mehr zu haben. Sie lag wie tot da. Das Gras um sie, im Umkreis von ungefähr 3 Metern, war auch weiß und verwelkt. Ich begriff, daß etwas Schreckliches geschehen war und rief: „Anastasia!" Ich nahm ihre Schultern und schüttelte ihren starren, leblosen Körper. Ihre Lippen waren ganz blaß und blutleer. Sie sprach nicht.
- Hörst du mich, Anastasia?

Ihre Wimpern hoben sich, und ihre erloschenen

Augen sahen mich ohne jeden Ausdruck an. Ich nahm eine Flasche mit Wasser, hob ihren Kopf und versuchte, ihr zu trinken zu geben, doch sie konnte nicht schlukken. Ich sah sie an und dachte fieberhaft, was ich machen sollte. Endlich bewegten sich ihre Lippen, und sie flüsterte:

- Bring mich von hier fort ... zu einem Baum ...

Ich hob den schlaffen Körper auf, brachte ihn aus dem Kreis mit weißem Gras und legte sie neben die nächste Zeder. Nach einiger Zeit kam sie allmählich zu sich, und ich fragte:

- Was ist geschehen, Anastasia?

- Ich versuchte, deine Bitte zu erfüllen, - antwortete sie leise und fügte nach einer Pause hinzu, - ich denke, es ist mir gelungen.

- Aber du siehst so schlecht aus. Du wärst beinahe umgekommen.

- Ich habe die Naturgesetze verletzt. Ich habe mich in etwas eingemischt, in das ich mich nicht einmischen darf. Das hat alle Kräfte und die ganze Energie aus mir herausgesaugt. Ich wundere mich, daß sie noch ausreichen.

- Warum hast du das riskiert, wenn es so gefährlich ist?

- Ich sah keinen Ausweg. Du wolltest das. Ich mußte deine Bitte erfüllen. Ich hatte gefürchtet, daß du mich nicht mehr achten würdest, daß du denken würdest, das seien nur Worte und ich könne nichts im realen Leben tun.

Sie sah mich bittend und flehend an, ihre leise Stimme zitterte ein wenig.

- Ich kann dir nicht erklären, wie man das tut, wie dieser Naturmechanismus wirkt, ich spüre ihn nur, aber das so zu erklären, damit du es verstehst, kann ich nicht. Auch die Wissenschaftler können das sicher nicht.

Sie senkte den Kopf und schwieg einige Zeit, gleichsam ihre Kräfte sammelnd. Dann sah sie mich wieder mit ihren flehenden Augen an und sprach:

- Jetzt wirst du mich noch mehr für eine Irrsinnige oder Hexe halten.

Ich hatte plötzlich den Wunsch, etwas Gutes für sie zu tun. Aber was? Ich wollte sagen, daß ich sie für einen normalen Menschen, für eine schöne und kluge Frau halte, aber gerade diese Empfindung, daß mein Verhältnis zu ihr gewöhnlich war, hatte ich nicht, und sie mit ihrer Intuition hätte mir nicht geglaubt.

Da fiel mir ihre Erzählung ein, wie ihr Urgroßvater sie in ihrer Kindheit grüßte: er kniete und küßte ihre Hand. Ich kniete mich jetzt vor Anastasia hin, nahm ihre noch blasse und kalte Hand, küßte sie und sagte:

- Falls du irrsinnig bist, so bist du die beste, die gütigste, die klügste und die schönste aller Irrsinnigen.

Ihre Lippen lächelten endlich, die Augen sahen mich dankbar an. Die Wangen röteten sich allmählich.

- Anastasia, das Bild war recht düster. Hast du es speziell gewählt?

- Ich habe ein Beispiel für etwas Gutes gesucht und nicht gefunden. Sie sind alle in der Klemme. Jeder ist für sich allein mit seinen Problemen. Sie haben kaum geistige Kontakte.

- Was ist zu tun? Was kannst du ihnen außer deinem Mitgefühl anbieten? Ich muß dir doch sagen: die Unternehmer sind starke Menschen.

- Sehr stark, - stimmte sie zu, - und interessant. Sie leben gleichsam zwei Leben in einem Leben. Ein Leben ist nur ihnen bekannt, auch ihre Nächsten ahnen davon nichts, das andere Leben ist äußerlich, für die Umgebung. Man müßte ihnen durch die Verstärkung ihrer geistigen, aufrichtigen Kontakte miteinander helfen. Sie müssen offen nach der Reinheit ihrer Absichten streben.

- Anastasia, ich denke, ich versuche zu tun, worum du mich gebeten hast. Ich versuche ein Buch zu schreiben und eine Vereinigung der Unternehmer mit reinen Absichten zu gründen, aber nur so, wie ich es selbst verstehe.

- Es wird für dich schwer sein. Ich kann dir nicht viel helfen. Ich habe jetzt wenig Kraft. Sie wird langsam wiederhergestellt werden. Auch mit dem Strahl werde ich einige Zeit aus der Entfernung nicht sehen können. Auch jetzt kann ich dich kaum sehen.

- Was ist mit dir, Anastasia? Wirst du blind?

- Ich denke, alles wird wiederhergestellt. Schade, daß ich dir einige Zeit nicht helfen kann.

- Du mußt mir nicht helfen, Anastasia. Schone dich für den Sohn und hilf den anderen.

**

Ich mußte fahren und das Schiff erreichen. Ich wartete, bis sie wenigstens äußerlich wie früher aussah, und bestieg den Kutter. Anastasia faßte den Bug an und stieß den Kutter vom Ufer ab. Die Strömung nahm den Kutter mit sich und trug ihn fort. Anastasia stand knietief im Wasser, der Schoß ihres langen Rocks war naß und schwamm auf den Wellen. Ich riß die Antriebsschnur. Der Motor heulte auf und zerstörte die Stille, an die ich mich in diesen drei Tagen gewöhnt hatte. Der Kutter entfernte sich mit zunehmender Geschwindigkeit.

Plötzlich kam Anastasia ans Ufer und lief, als wollte sie den Kutter einholen. Ihre im Wind fliegenden Haare wirkten wie ein Kometenschweif. Sie gab sich Mühe, unter Einsatz aller Kräfte zu laufen, um das Unmögliche zu erreichen - einen schnellfahrenden Kutter einzuholen. Die Entfernung zwischen uns wurde immer größer. Sie tat mir leid, und um ihren sinnlosen Bemühungen und dieser bedrückenden Abschiedsszene ein Ende zu machen, drückte ich mit aller Kraft den Gashebel. Mir schoß der Gedanke durch den Kopf, Anastasia könnte denken, ich hätte wieder Angst vor ihr und flüchtete.

Der heulende Motor ließ den Bug des Kutters über das Wasser heraustreten, und der Kutter schoß noch schneller vorwärts, die Entfernung zwischen uns nahm zu. Und sie ... Oh, Gott, was machte sie? Anastasia zerriß im Laufen den nassen Rock, der sie beim Laufen störte und warf ihn weg. Jetzt lief sie schneller, mit unglaublicher Geschwindigkeit, und ein Wunder geschah, denn die Entfernung zwischen uns verringerte sich langsam. Vorn auf ihrem Weg war ein Steilhang. Ich dachte, daß dieser sie aufhalten wird um der quälenden Szene ein Ende zu machen, und drückte immer wieder den Gashebel, aber vergeblich. „Hat sich ihre Sehkraft so verschlechtert? Sieht sie etwa den Steilhang nicht?" Ohne ihren Lauf zu verlangsamen, stürzte sich Anastasia auf den Steilhang, fiel auf die Knie, hob die Hände zum Himmel und schrie in meine Richtung. Trotz des Motorgeheuls und des Wasserrauschens hörte ich ihre Stimme als ein Geflüster:

- Vorn i-i-st ei-ne Sa-a-a-nd- ba-a- nk, Sa-a-a-nd-ba-a-nk.

Ich hatte noch nicht ganz verstanden, worum es ging, und schnell abgewendet, drehte ich so stark das Steuer, daß der Kutter sich zur Seite neigte und sich fast mit Wasser füllte. Ein riesiger Baumstamm, dessen eines Ende im Sand steckte, berührte kaum mit seinem anderen Ende den Kutter. Bei einem direkten Zusammenstoß hätte es den dünnen Aluminiumboden des Kutters leicht zerstören können.

Als der Kutter sich in der Mitte des Flusses befand, wendete ich mich um und flüsterte in Richtung der einsamen auf dem Steilhang knienden Gestalt, die sich bald in ein Pünktchen verwandelte.

- Danke, Anastasia!

Wer bist du, Anastasia?

Das Schiff wartete auf mich in Surgut. Der Kapitän und die Besatzung erwarteten meine Anordnungen. Aber ich konnte mich nicht konzentrieren und die weitere Route festlegen, darum befahl ich, den Aufenthalt in Surgut zu verlängern, Kulturabende für die örtliche Bevölkerung zu veranstalten und eine Ausstellung der Konsumgüter und Dienstleistungen zu organisieren. Meine Gedanken waren mit Ereignissen beschäftigt, die mit Anastasia zusammenhingen. Ich kaufte in Buchhandlungen viele populär-wissenschaftliche Bücher, auch Bücher über ungewöhnliche Erscheinungen und Fähigkeiten der Menschen und landeskundliche Bücher. Ich schloß mich in meiner Kajüte ein und versuchte in den Büchern Erklärungen zu finden.

Unter anderem interessierte mich die Frage, ob tatsächlich ein Gefühl in Anastasia entstehen konnte, als sie, um einem Dorfmädchen zu helfen, rief: „Ich liebe dich, Wladimir". Warum beeinflußten diese einfachen Worte, die wir oft ohne entsprechendes Gefühl sprechen, so stark Anastasia, trotz unseres Altersunterschiedes, unterschiedlicher Weltauffassung und Lebensweise?

Die populär-wissenschaftliche Literatur gab keine Antwort darauf. Da nahm ich die Bibel. Darin war die Antwort. Im Anfang des Evangeliums nach Johannes steht geschrieben: „Im Anfang war das Wort, und das Wort war bei Gott, und das Wort war Gott ..."

Wieder war ich überrascht, wie lakonisch und genau die Feststellungen dieses bewundernswerten Buches sind. Sofort wurde mir alles klar. Anastasia, der List und Betrug fremd sind, kann keine Worte einfach so sprechen. Ich erinnerte mich dabei an einen Satz von ihr: „Ich habe vergessen, daß ich keine Worte einfach so sprechen kann. Sie sollten unbedingt entsprechende Gefühle, Verständnis und Glaubwürdigkeit der Naturinformationen enthalten".

Oh, Gott!!! Sie hatte Pech mit mir. Wozu richtete sie diese Worte an mich, einen nicht mehr jungen Mann, einen Familienvater, der zu vielen schädlichen und dunklen (wie sie sagt) Verführungen unserer Welt neigt? Mit ihrer inneren Reinheit ist sie eines völlig anderen Mannes würdig. Aber wer könnte sie schon mit dieser sonderbaren Lebensweise und Denkweise, mit ihrem Intellekt lieben?

Auf den ersten Blick ist sie ein gewöhnliches, wenn auch sehr schönes und anziehendes Mädchen, aber dann im Verlauf des Umgangs mit ihr verwandelte sie sich gleichsam in ein Wesen, das außerhalb unseres Verstandes lebt.

Kann sein, daß nur ich sie so wahrnehme, denn ich habe keine ausreichenden Kenntnisse und verstehe das Wesen unseres Daseins nicht. Vielleicht würden andere sie anders wahrnehmen?

Jetzt fiel mir ein, daß ich auch beim Abschied nicht den Wunsch hatte, sie zu küssen und zu umarmen. Ich weiß nicht, ob sie das wollte. Und was wollte sie überhaupt? Ich erinnerte mich, wie sie von ihren Träumen erzählt hatte. Wie sonderbar ist ihre Philosophie der Liebe: ich soll eine Vereinigung der Unternehmer organisieren, um ihnen zu helfen. Ich soll ein Buch mit ihren Ratschlägen für die Menschen schreiben. Die Menschen sollen über eine Zeit der dunklen Kräfte gebracht werden. Und sie glaubt das! Sie ist überzeugt, daß alles so geschehen wird. Und ich? Bin ich auch verrückt? Ich versprach ihr zu versuchen, einen „Verein der Unternehmer" zu organisieren und ein Buch zu schreiben. Jetzt wird sie noch mehr davon träumen. Hätte sie sich etwas Einfacheres und Realistischeres ausgedacht!

Ich wußte nicht warum, aber Anastasia tat mir leid. Ich stellte mir vor, wie sie in ihrem Wald warten und träumen wird, daß alles sich verwirklicht. Es wäre gut, wenn sie einfach wartete und träumte, wenn sie möglicherweise selbst Versuche machen würde, ihren Strahl der Güte auf Menschen zu richten und die Energie der Seele dazu verwendet, an das Unmögliche zu glauben? Obwohl sie mir die Möglichkeiten ihres Strahls zeigte und seine Wirkung zu erklären versuchte, nahm mein Bewußtsein ihn nicht als etwas Reales wahr. Urteilen Sie selbst! Wie sie sagt, richtet sie ihren Strahl auf einen Menschen, beleuchtet ihn mit einem unsichtbaren Licht und schenkt ihm ihre Gefühle, ihr Streben nach Licht und Guten.

- Nein, nein, denk nicht, daß ich in die Psyche eingreife und die Seele und den Verstand zu etwas zwinge. Der Mensch ist frei, diese Gefühle anzunehmen oder abzulehnen. Soviel, wie ihm recht ist. Dann wird er auch äußerlich erleuchteter, er wird sich von allen Krankheiten völlig oder teilweise befreien. Das können mein Urgroßvater und der Großvater tun. Auch ich konnte das immer. Mein Großvater hat es mir beigebracht, als er mit mir in der Kindheit gespielt hat. Aber jetzt ist mein Strahl um das Vielfache stärker als der Strahl des

Großvaters und des Urgroßvaters. Das kommt davon, sagen sie, daß ein ungewöhnliches Gefühl in mir entstanden ist, das ihr Liebe nennt. Es ist ein sehr grelles, auch etwas brennendes und so großes Gefühl, daß man den Wunsch hat, es zu verschenken.

- Wem, Anastasia? - fragte ich

- Dir und allen Menschen, die es annehmen können. Ich möchte, daß es allen gut geht. Wenn du damit beginnst, wovon ich geträumt habe, führe ich viele von ihnen zu dir, und ihr zusammen ...

Während ich mich daran erinnerte und sie mir vorstellte, verstand ich, daß ich mindestens versuchen müßte, das zu tun, was sie wollte, sonst würden mich mein restliches Leben lang Zweifel quälen. Es würde das Gefühl bleiben, daß ich Anastasias Traum verraten habe. Er mag nicht erfüllbar sein, aber sie hat sich so leidenschaftlich seine Erfüllung gewünscht.

Also, traf ich eine Entscheidung, und das Schiff fuhr direkt nach Nowosibirsk.

Ich beauftragte den Manager meines Unternehmens, das Schiff zu entladen und die Ausstellungsausrüstungen zu demontieren. Nach einer Aussprache mit meiner Frau fuhr ich nach Moskau.

Ich fuhr, um Anastasias Traum zu verwirklichen oder mindestens es zu versuchen.

(Fortsetzung folgt)

Für weitere Informationen und Fragen steht Ihnen
Verlag Wega gerne zur Verfügung.

Verlag Wega e.K.
Neufelderstr.1
67468 Frankeneck
Fax:06325/980997
e-mail:janvio@planet-interkom.de

Bitte legen Sie Ihrer Anfrage einen frankierten Rückumschlag bei.